TRAITÉ
DES MANIERES

DE DESSINER LES ORDRES
DE L'ARCHITECTVRE ANTIQVE
EN TOVTES LEVRS PARTIES.

*Auec plusieurs belles Particularitez qui n'ont point
parü jusques a present tuchá 'les Bastim 'de Marque*

Comme,

*La NATVRELLE Entresuitte des gros et meniis
Membres de leurs Degrez ou Escaliers.*

Puis,

*Le MOYEN d'arrester par Dessein et Modelle
en petit, les parties d'on Edifice, en sorte
que'estant Executé en grand, il fasse l'Effet
que l'on s'est proposé.*

Et enfin,

*LA PRATIQVE de trouuer la place Geometrale des
jours Ombres et ombrages, sur les Corps Geometriaux.*

Par A. BOSSE.

A Paris Chez l'Auteur, en l'isle du Palais,
sur le Quay, qui va à au coupy de la
Megisserie.
M DC LXIII.
AVEC PRIVILEGE.

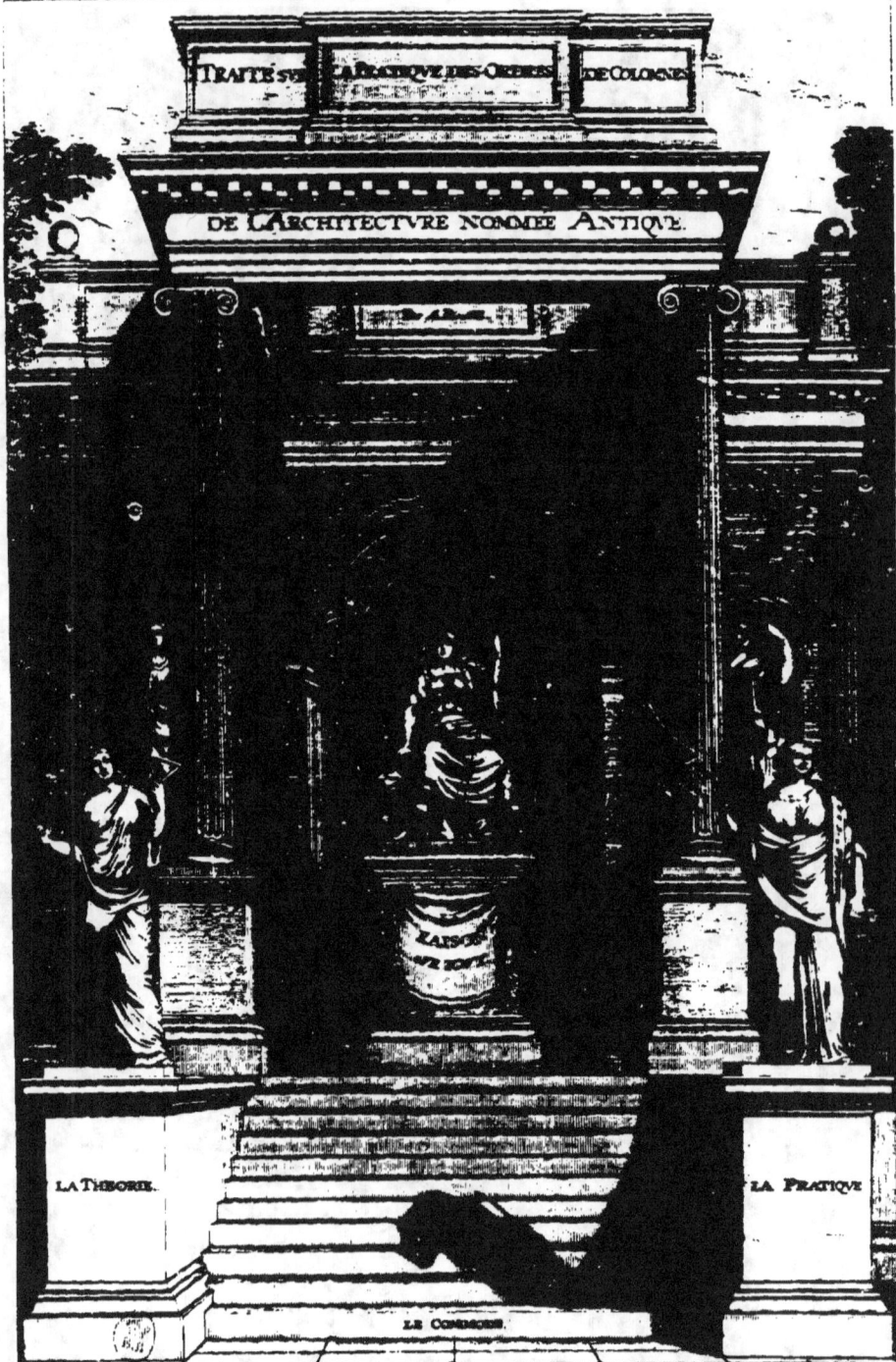

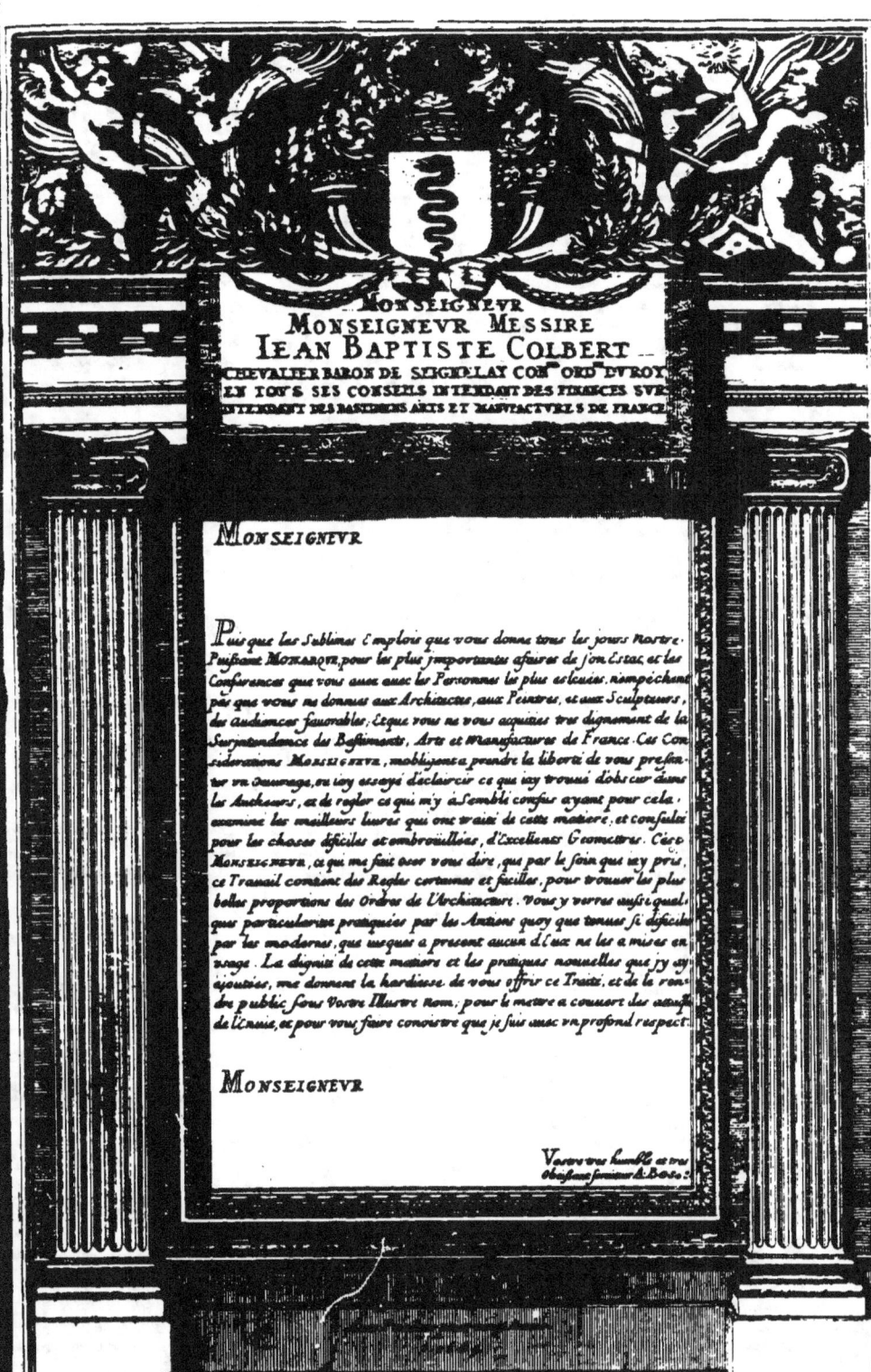

MONSEIGNEVR
MONSEIGNEVR MESSIRE
IEAN BAPTISTE COLBERT
CHEVALIER BARON DE SEIGNELAY COM ORD DV ROY
EN TOVS SES CONSEILS INTENDANT DES FINANCES SVR
INTENDANT DES BASTIMENS ARTS ET MANVFACTVRES DE FRANCE

MONSEIGNEVR

Puis que les Sublimes Emplois que vous donne tous les jours Nostre
Puissant Monarque, pour les plus importantes afaires de son Estat, et les
Conferances que vous auez auec les Personnes les plus eclairés, n'empêchent
pas que vous ne donnés aux Architectes, aux Peintres, et aux Sculpteurs,
des Audiences fauorables, Et que vous ne vous acquités tres dignement de la
Surintendance des Bastimens, Arts et Manufactures de France. Ces Con
siderations Monseigneur, m'obligent a prendre la liberté de vous presen
ter vn Ouurage, ou i'ay essayé d'éclaircir ce qui i'ay trouué d'obscur dans
les Autheurs, et de regler ce qui m'y a Semblé confus ayant pour cela
examiné les meilleurs liures qui ont traité de cette matiere, et consulté
pour les choses dificiles et embroüillées, d'excellens Geometres. C'est
Monseigneur, ce qui me fait oser vous dire, que par le soin que i'ay pris,
ce Trauail contient des Regles certaines et faciles, pour trouuer les plus
belles proportions des Ordres de l'Architecture. Vous y verrés aussi quel
ques particularités pratiquées par les Anciens quoy que tenues si dificiles
par les modernes, que iusques a present aucun d'eux ne les a mises en
usage. La dignité de cette matiere et les pratiques nouuelles que i'y ay
ajoutées, me donnent la hardiesse de vous offrir ce Traité, et de le ren
dre public sous Vostre Illustre Nom, pour le mettre a couuert des attaques
de l'Enuie, et pour vous faire conoistre que je suis auec vn profond respect.

MONSEIGNEVR

Vostre tres humble et tres
obeissant seruiteur A. Bosse

ORDRE ET METHODE DES FIGVRES
REPRESENTÉES DEDANS CE VOLVME.

IL EST DIVISE EN QVATRE PARTIES PRINCIPALES

LA PREMIERE, contient les ORDRES des COLONNES de L'ARCHITECTVRE, en toutes sortes
ce ou distribution parsemée de beauté, des gros membres qui les composent aussi des menus, & enfin
par l'arresté de leurs Assiettes ou plans, Eslevations et profils ; tous par la mesure Ordinaire du Module
& de ses parties que par celle du Pied et de ses pouces et lignes, plus grand ou plus petit que celuy qu'en France
on nomme Pied de ROY. Et quelques autres particularitez sur ce sujet.

Mais comme il y a des doutes ou sentiments differents sur la proportion de gros membres de ces Ordres ; Car les
vns veulent, que la partie que ie nomme Trauerse ou Establement qui contient l'Architraue, la Frise, et la
Corniche, aye de hault le Quart de la hauteur de sa Colonne, et d'autres le quint, et moi en vn peu moins que
le quart, sur tous l'Ionique, Corinthien, et Composé ; ay tasché de les satisfaire, quoy que i'estime que les excellens Architectes de ces beaux Ordres, ont pû suiuant les occasions, en changer les mesures ; puis que leurs menus membres ne sont adioustez a le grosse parties que pour les orner, ainsi que les broderies sur les habits.

En la Seconde Partie est deduit le moyen de tirer, que les Ornements, Socles, et puis, et Balustres des Degrez ou
Escaliers de considération ; s'ajustant d'un bout a autre, et de fond en comble, d'vn costé a l'autre costé, sans irregularité, ni
irruption ; sauf on faulse rencontre de nombre, de parallelisme ou gauge, à l'humeur et à leurs marches, repos ou
paliers, autant que l'occasion le Sçauera permettre.

Dans la Trois-iesme, pratique et dresse, en petit ou dessein sur le papier, et par Modelle de relief ; en sorte
voulans le faire construire effectuer en grand. Il suiue à l'Oeil l'effet que l'on s'est proposé par l'unité de ce point ;
sans estre obligé de defaire et refaire le grand, quand il est ainsi construit.

Dans la Quatre, est le moyen de trouuer exactement sur les representations des Corps ou Objects Geometraux, la pls
de ces jours Ombres ou Ombrages Geometrales, causées par la lumiere du Soleil, Outre ce qu'on en est amplement
Expliqué dans mon Traité des leçons que leur donnés dans l'Académie Roy de la Peinture et Sculpture.

I'euos ferons ample discours des difficultez, que i'aye à entendre d'un bout à autre plus d'Auteurs qui ont
traité de ces Ordres ; Ensemble sur les meprises, obmissions, et contraditions qu'ils en ont faites, et mesme en mauuais choix ; Mais ayant iugé que ce ne seroit encore que repetitions, ie les ay celon y supprimer, me tenant con-
tenté de suiure en plus choses les plus estimez ; Sçauoir Paladio, Scamozi, Vignole, et sur tous Bladio, la re-
serue de quelques Opinions douteuses, Citées dans son Premier liure, IIe chapitre des Abus, et aussi raisonné
et preceptes, qui font juger qu'il Sçauoit moins de Geometrie que Vignole, mais en recompance, il auoit à mon
sens vn meilleur Gout, pour choisir la belle proportion de ces Ordres.

Ceux qui auront la curiosité de juger des Oeuures de ces Auteurs, pourront les voir en leurs oeuures, ou dans
le Traité des Paralelles de M. de Chambran, auquel j'ay obligation de auoir dit aux XIV et XV Chapitres, iusqu'à
à present la maniere de faire au Compas les volutes Que les n'auoit point esté demonstré, puis que cela ma donné lieu
de les trouuer, ainsi que ie les ay mise dans le Traité qui suit Celuy cy.

Et comme ie auois jugé qu'il ne suffit pas necessaire d'expliquer la plus grande partie de ce qui est representé de ces Ordres,
aux Stampes qui composent ce Volume, puis que les mesures de leurs hauteurs et largeurs sont mises sur chacune, par chiffres, auec quelque jnstruction ; ie me suis resolu à grauer au Burin, le petit j'ay planches qu'ils en ô :
Mais comme ces choses sont faites pour Enseigner la Pratique, Il n'est pas necessaire de faire de longs discours, et suffit
que l'ouurage le faire connoistre a l'Oeil, à qui arriuera sans doubte à nombre d'habiles en ces matieres, et aussi
plus facilement à s'instruire, par ce peu de discours ; Car la longueur ennuie le plus part de ceux qui pratiquent, prin-
cipalement, quand il y a des lettres et des chiffres de renuoy ; Neanmoins j'expliqueray icy vn de ces Ordres, pour
entendre mieux les autres, Outre que dans le Traité qui suit, ou les Trauerses de ces Ordres sont du Quart de
la hauteur de leurs Colonnes, i'en au serons discours et nombre de particularitez, qui ne sont point en Celuy
cy. Sçauoir, des Piedestaux, Frises, Thacenne au Compas, des Profils, des Volutes en Ouales, et des Arcs rampa'
& ; puis vn nombre de Portes, et autres parties d'Edifices ou Bastimens.

I'ay repari en quelque sorte ces deux Traitez, pour la commodité de beaucoup de Souuriers.

I'ay mis vn Piedestal soubs la Colonne de l'Ordre TOSCAN et Paladio n'en mis qu'vn dez ou Socle ; il faut que
les Trauerses de cet Ordre et du Dorique, vont du Quart de leurs Colonnes, & pour l'Ionique, Corinthien,
et Composite, du Quint ; Et moy j'ay jugé debuoir donner à toutes ces Trauerses le Quint, qu'euoque pour
satisfaire à tous si je puis, je les donne encore du Quart, me contentant de dire, que lors que l'on construit
de ces Ordres tres haults et puissants, qu'il y a lieu de les donner ainsi du quart, et mesme vn peu plus
haults, à cause de leur diminution a l'Oeil et du quint aux moins esleué, surtout quand ils sont sans Piedestal.
Quand les Piedestaux ont de hauteur le tiers de leurs Colonnes, il me semble bien proportionné. Sa-
uoir lors que leurs Cimes ou Cimaises, & sur tout leurs Bas, le pleinte est bien plus haults q ceux de Vignole.

a fin

a fin de faire le col hauteur grosse de son Dez sans aussi le faire ni courter ni trop que ceux du Dorique ni du Corinthien de Palladio, ce qui ma fait écrire ce croquis sur la me prou aller en son propre Lieu au Chapitre des Ordres, quand il trouvera quelques plus bas membres de ces Ordres, à je siegnons partie et ci autres soubz le Change des ailes.

Les Balustres sont peu souverains des Piedestaux soubz les Colonnes mais bien en nombre de Mantheaux en Soustenation, dont son dessus et faire en partie du Bastiment, ou qui tourne l'Enteur de l'edifice, qui à l'ordre en hauteur auspi que les Piedestaux se ter des Colonnes à toures les ornemens en un Bas et ci sa Cime.

L'On ne Bastit pas par tout dune même sorte les dehors et les dedans des edifices, soit Temples Hostels et Logis particuliers, faict a cause du Climat, que de la mesme n'avoir usage de l'habiter ce qui fait servir prendre la licence a plus, de changer plus ou moins ce que ne voit de beau de l'Antiquité qui seront à mon advis siste tous avec modération crainte de tomber com plus dans des compositions indiscretes surtout au changement de ce qui lors qu'ils sont bien choisis et mesurés. Car il seroit dangereux de suivre universim tout ce que son seroit quoi que fort Antique, puis que de nostre tempe le douceur mauvais Architectes Peintres et Sculpteurs qui present a même ni en faut croire Vitruve et autres doctes de son temps dans la pratique d'Architecture des choses contraires à l'ordre de la Nature, pe m'a ver remarqué en plus Bastiment des productions qui m'ont fait de la peine. Comme aux edifices, tant devant ou derriere corps, et interruptions à l'entresuite de leurs Ornemens et panisclaisi en plusieurs endroits, qui ne seroient qua ruiner à l'Oeil le grande Noble et Magnificence. Outre cette qu'a niste sordres le rens sur les autres car un plus occasions, il me semble qu'on seul et plus bien en plus nobleiment comme quelque jois en a eté obligé si on insiste croire que deux natures pouvant que le plus materiel soit dessoubz.

Et bien que le long usage ave prevaleu de mettre le Composé sur le Corinthien, le Composé estant en partie tire de l'Ionique, il doit passer pe plus materiel que le Corinthien.

Ayant veu aussi des morceaux d'Architecture, dont les Piedestaux Colonnes et Traverses avec de ces avant corps, construits en des lieux ou la distance estoit si courte que l'Oeil ne les pouvoit voir qua plus reprises, je tiens que ces aues anciens este toutes avec peu de saillie par pilastres et bas relevés ainsi que la Fontaine des Innocents de cette Ville, ils feroient sans comparaison en plus bel effet que l'un des beaux bj eus d'Architecture qui se treuve.

Mais pe finir ce discours par cette Planche, je tratteray brievem de la distribution des gros membres de ces Ordres, et non des menus, Car ilz sont tous amplement expliqués aux Stampes qui suivent.

Pour la Stampe quand cet avec Piedestal et que le Traverse a de hauteur la 3 partie de sa Colonne on doit divise la hauteur donnée de l'ordre en 22 parties egales, à en prendre pe le Piedestal 5 pe la Colonne et les restantes pour la Traverse, Or cette division de Piedestal Colonne et Traverse, sert generalem pour toutes les autres Ordres, quil Seulement de Scavoir que si on veut faire un Tescan faut diviser en 14 parties egales la hauteur de la Colonne qui en contenoit 15 de ces 23, à l'une de ces 14 sera le Module en Pied fondamental pe mesurer tous les gros et menus membres de l'ordre, et aussi les moitié ou demi Diametre de la Colonne par son bas.

Mais si sur cette mesme hauteur de Colonne on vouloit faire un Ordre Dorique Il la tiendroit divise en 16, à pour un Ionique en 18, à Finalement pe le Corinthien et le Composé on viendra tenir de ces tu 18 et 20, parties, seront comme jay dit chaque un son Ordre le module en pied fondamental pe mesurer les aues membres, lay a au prealable divisé en 30 parties, et à l'occasion chaqun en 3 4 5 6c, à le Pied en 12 pouces, le pouce en 12 lignes, à la ligne en 10 points; En divisant Premierem leurs Piedestaux en 3, Scavoir, Bas, Tronc et Cime, leurs Colonnes aussi en 3, Scavoir Baze, Fust et Chapiteau et leurs Traverses en 3 Architrave, Frize et Corniche, Et Finalement ses aues menus membres, en portant les hauteurs sur la ligne qui passe dans le milieu du Piedestal et colonne nommée son Essieu, puis les demies largeurs à droit et à gauche d'icelles sur des lignes de froment les sont perpendiculaires, comme il seroit aux planches XIII XIV XV XVI XVII c.

Jay donné cette maniere de Pied pe ces Ordres, parceque tous ouvriers, et ceux qui les veulent scavoir d'une la connoissent et sera serueront qui en est pas de mesme du Module, Et parce que les Peintres et desseigneurs peuvent par ce moyen, ne faire qu'une seule Echelle Perspective pour tout ce quilz ont a faire sur leurs Tableaux, Et en fin, pour avoir lou dans les visions du Prophete Ezechiel, que de son temps, il avoit pour mesurer les Bastiments, des Cannes composées de 6 coudées plus ou moins grandes, Cela m'a fait penser que nous pouuions aussi composer des Thoises, de Piedz proportionneux, plus grands que celuy de Roy, de la mesme sorte que pour les Desseins et Modelles, nous les faisons plus ou moins petits.

Pour les Degrez ou Escalier de consideracion avant que ue aucune connoissance de cette naturelle Entresuite d'en faire Balustres et apuis, et des regularité et Simetrie de leurs marches, repos ou paslier, les tois estonne d'en voir les Extraord Treuses, et les ruptures de entresuitte principalem en dessous ou l'on ne manquoit pas de place, Com on les pourroit voir à Luxembourg, au Palais Cardinal et a nombre de grandes Maisons de cette Ville, ce qui me faisoit croire que on ne pouvoit faire autrement, Jusques à ce que feu M. Desargues me le ust enseigné il fait connoistre quil estoit le premier qui a corrigé cet Erreur.

L'On verra aussi en ce Traité ce que jay compris de luy touchant le moyen d'arrester demeure le Desséin d'un Bastiment en sorte que estant construit en grand il suffit l'effet que l'on peut restre propos, n'est pas une belle chose et bien pensée, et si l'on n'a pas lieu de croire que les Autheurs de ces beaux Ordres ny ignoricieu pas.

Car ces Planches co Traité et du Second, sont construstes avec leurs peu de discours d'explicacion tout ce qui est plus Important de Scavoir en ces matieres.   Suit nombre de Planches qui n'ont besoin d'explication.

TOSCAN

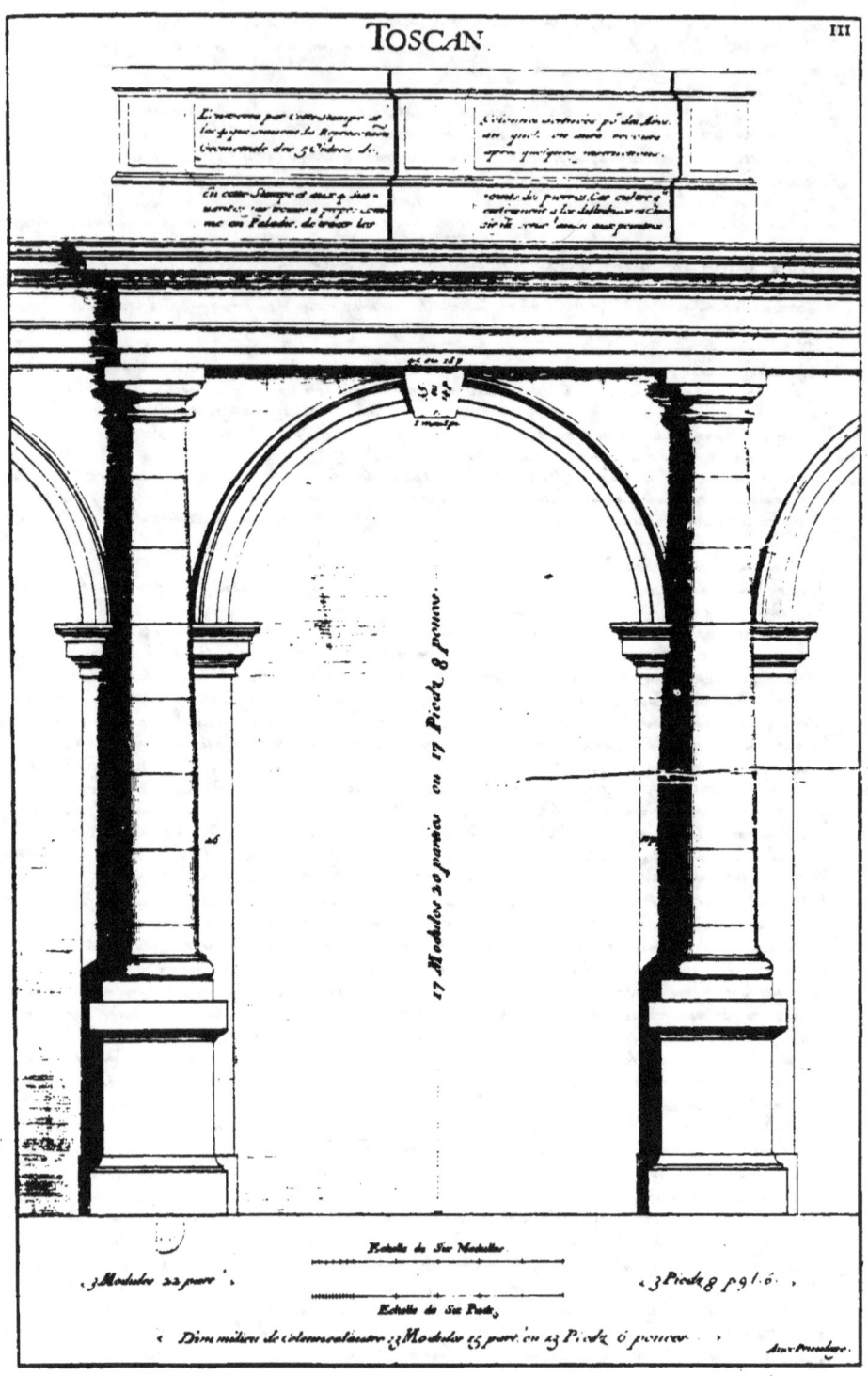

DORIQVE.

Quand pour ces Colonnes on peut par la longueur des Pierres euiter ces joints c'est bien le mieux.

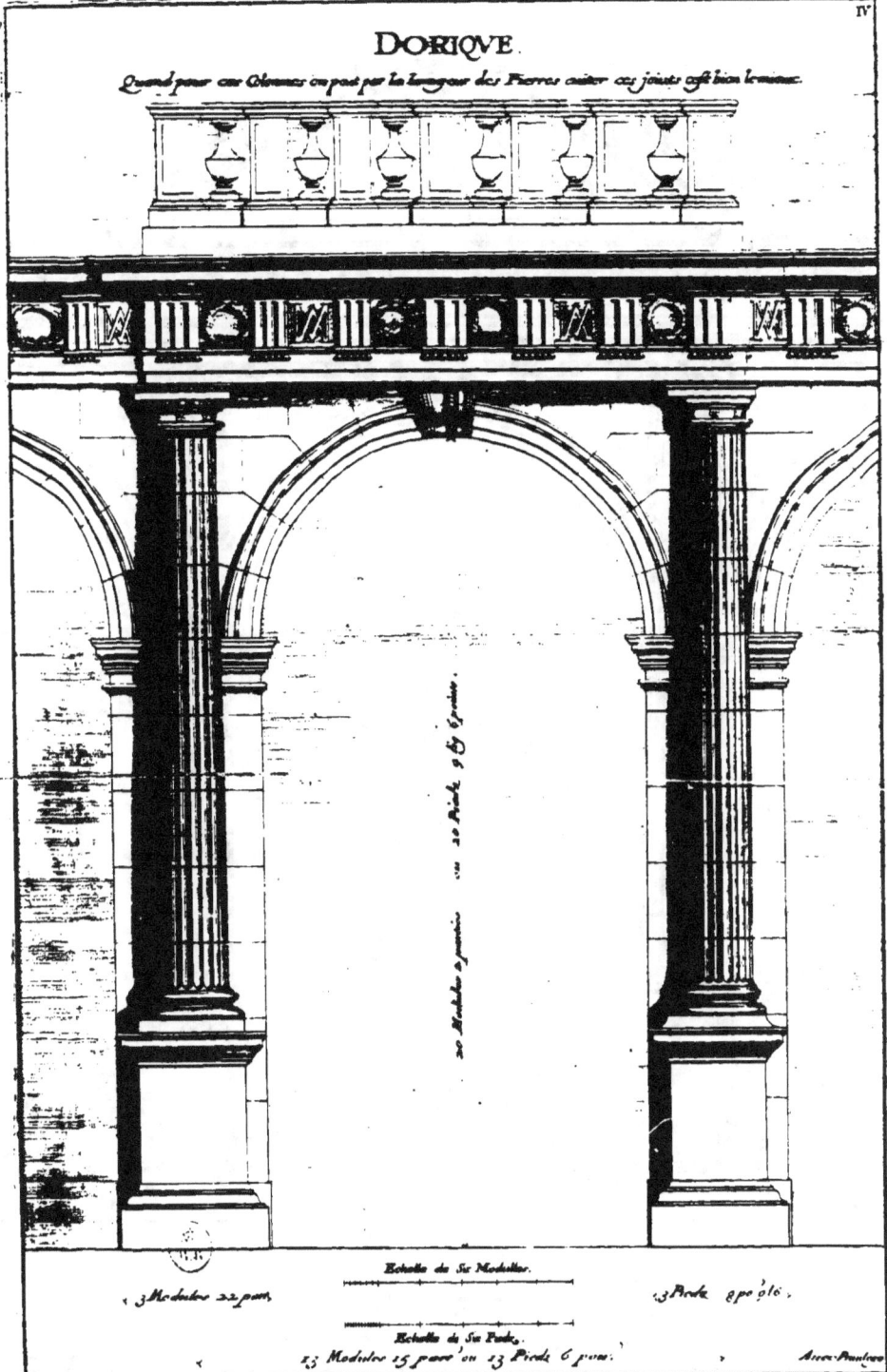

Echelle de Six Modulles.

, 3 Modulles 22 part,   , 3 Pieds 9 po. o l6.

Echelle de Six Pieds.
13 Modulles 15 part, ou 13 Pieds 6 pou.

Arcos-Pauletto

IONIQVE

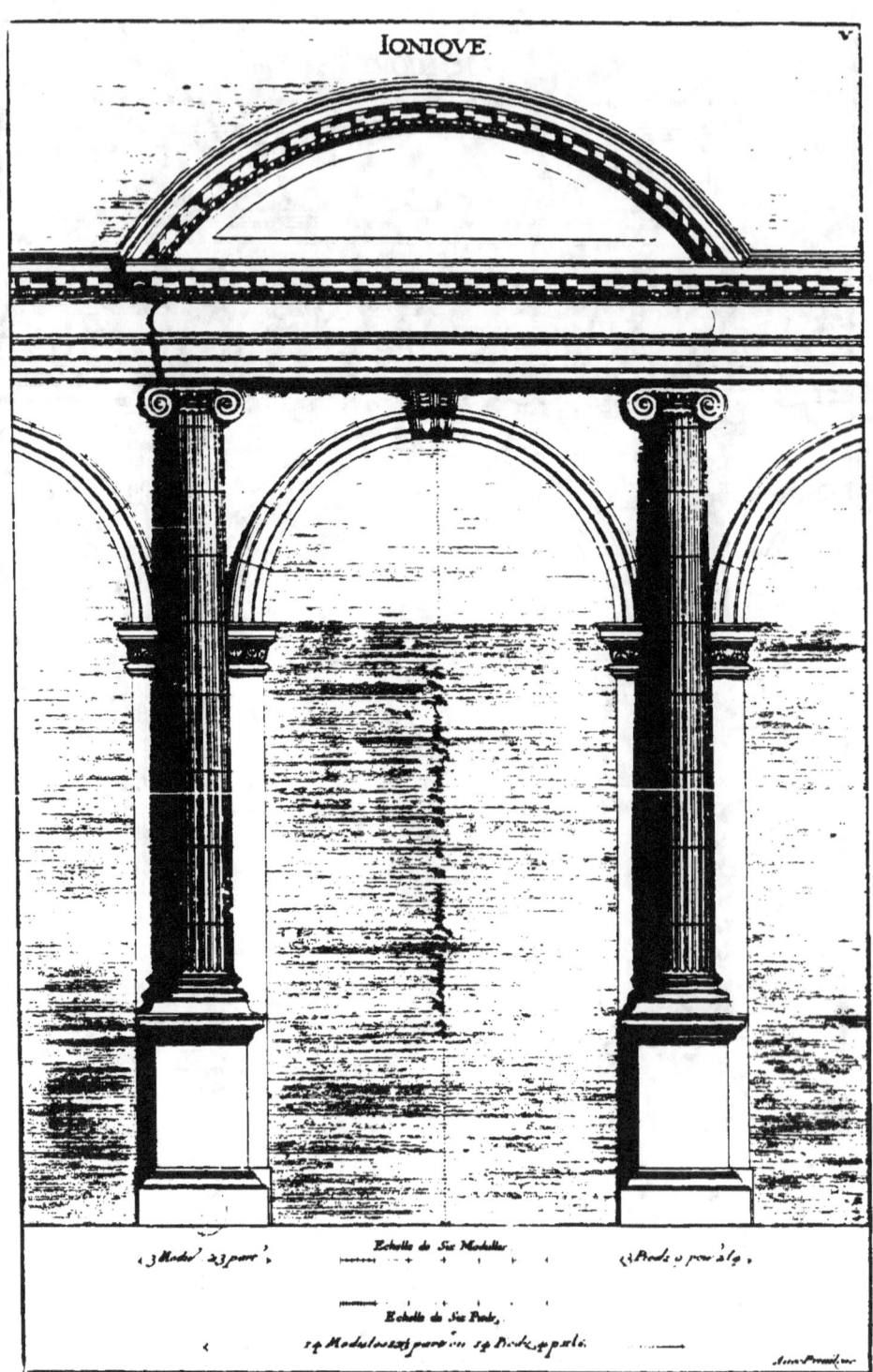

Echelle de Six Modulles

‹ 3 Modul 23 part ›   ‹ 3 Pieds 2 pou à 14 ›

Echelle de Six Pieds,

14 Modules 23 part en 14 Pieds 9 pou 16.

Aveline Prevery sc.

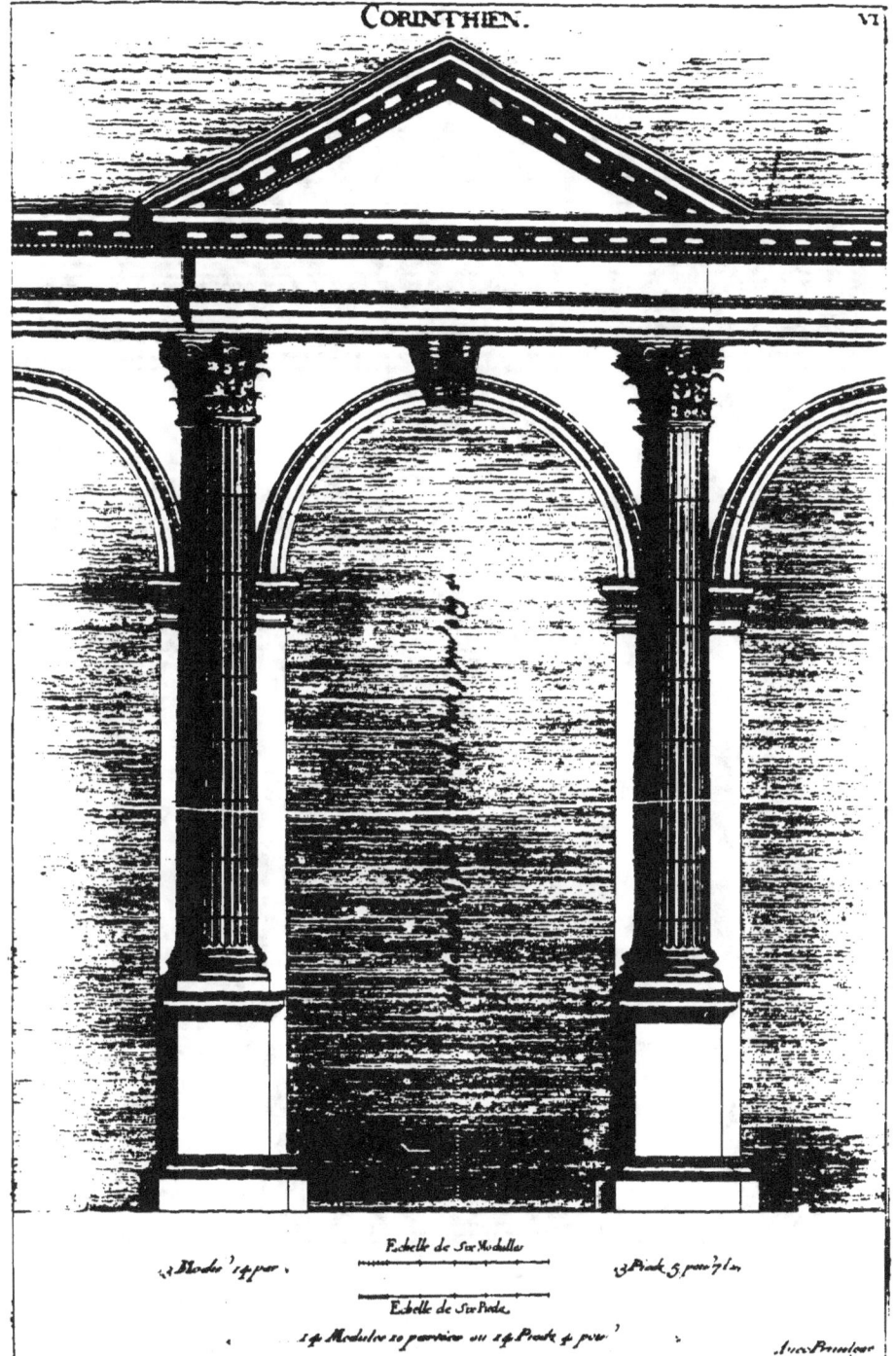

Eschelle de Six Modulles

Eschelle de Six Pieds.

14 Modulles 10 parties ou 14 Pieds 4 pou

Avec Privilege

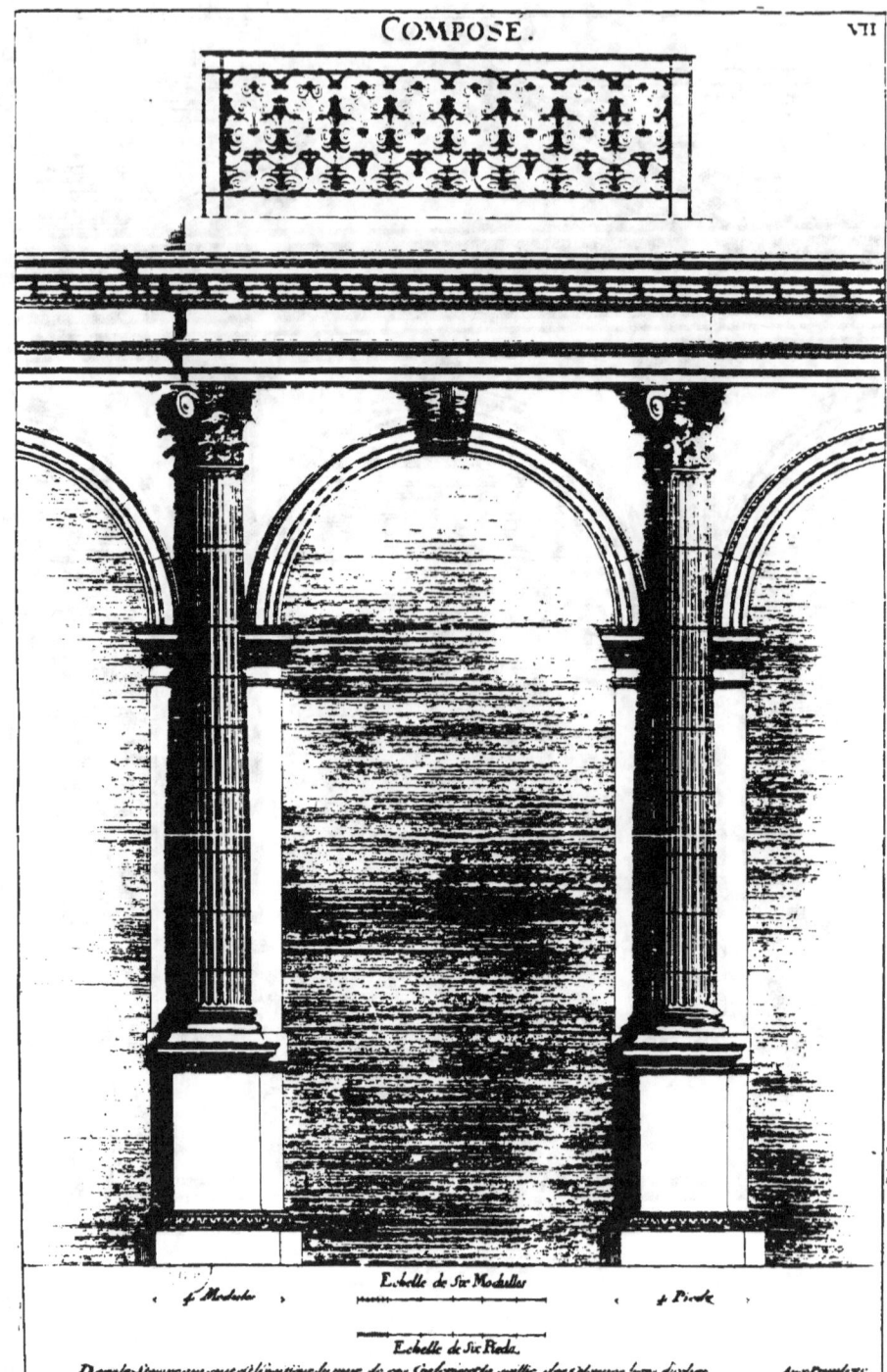

Echelle de Six Modulles

6 Modules

4 Pieds

Echelle de Six Pieds.

Dans les Estampes qui ont esté jointes au mur de ces Galeries et la saillie des colomnes leur dechar.

Aux Premieres

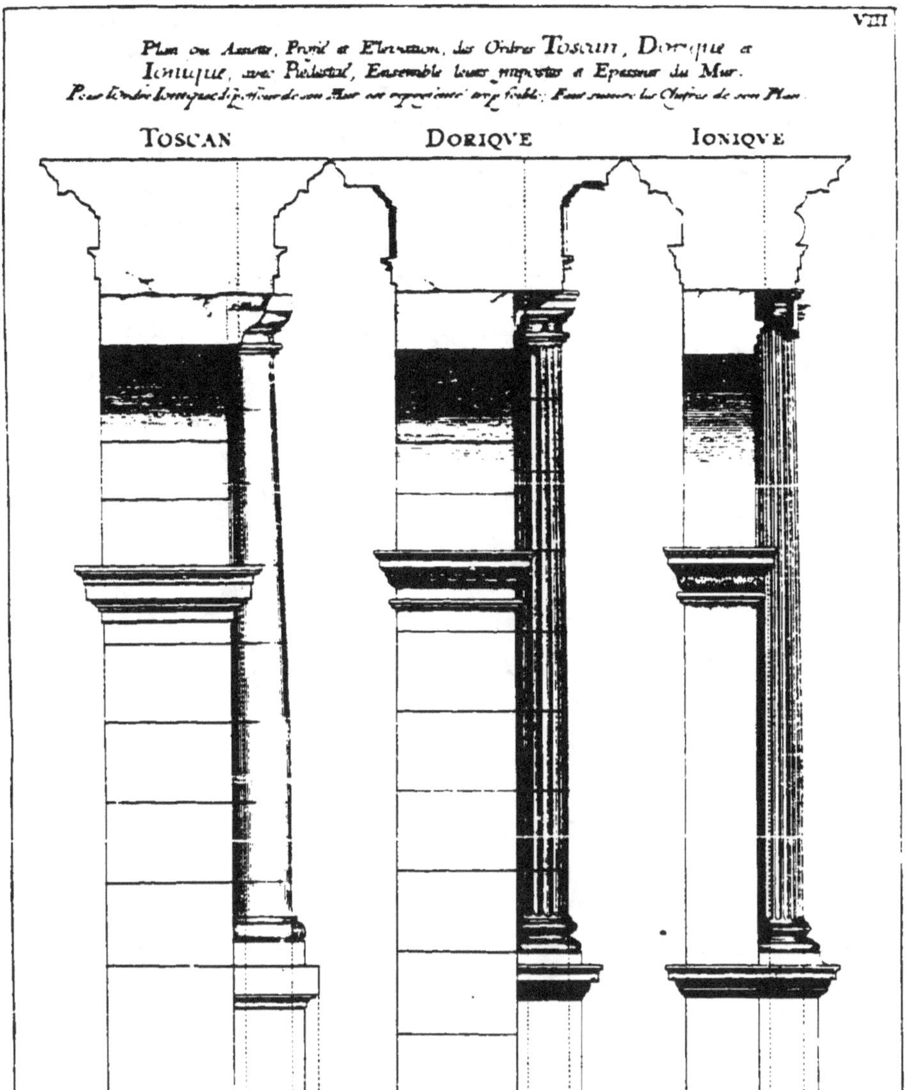

Plan ou Assette, Profil et Elevation, des Ordres TOSCAN, DORIQUE et
IONIQUE, avec Piedestal, Ensemble leurs imposts et Epaisseur du Mur.
Pour rendre l'antique distinction de son Mur est représenté trop foible. Faut suivre les Chifres de son Plan.

| TOSCAN | DORIQVE | IONIQVE |

avec Privilege.

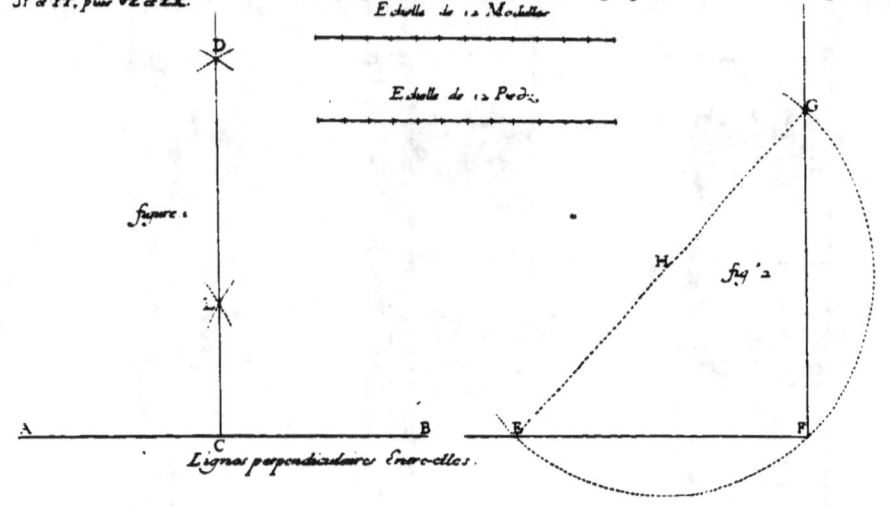

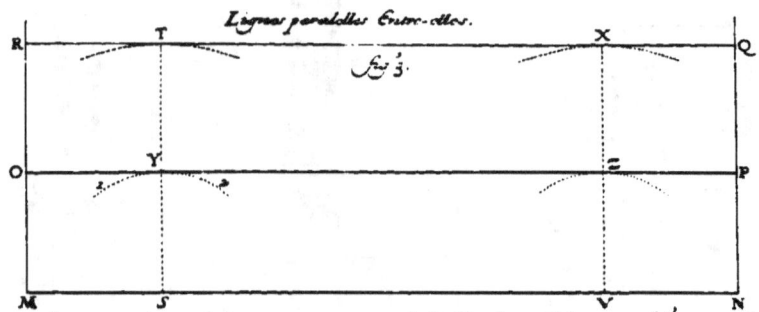

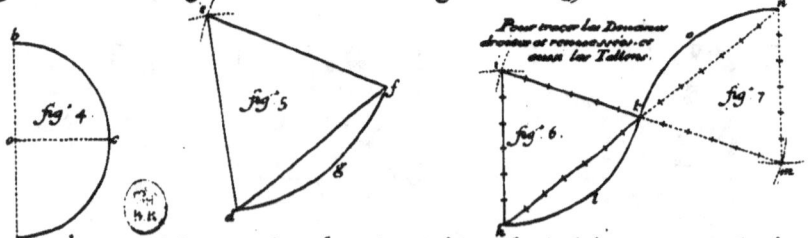

En cette Stampe et en celle qui suit sont contenües quelques pratiques d Geometrie pr Ls tracer les 5 Ordres

Figure 1 pour couper la droite AB par son perpendiculaire CD. Faut ouurir le compas a volonté, et mettre vne de ces ...

Pour la Fig. 2, deux points droits sur EF, ou a son extremité ...

Fig. 3, pour mener par les points Y P des droits a OP et RQ paralelles a RX ...

Escalle de la Moduller

Escalle de 12 Pieds

figure 1

fig. 2

Lignes perpendiculaires Entre-elles.

Lignes paralelles Entre-elles.

fig. 3

Figures 4, 5, 6 et 7, sont pour servir de preparation a tracer les Profils de ces Ordres ...

Pour tracer les Doucines droites et renuersées et aussi les Taillons.

fig. 4

fig. 5

fig. 6

fig. 7

Fig. 6 et 7 ayant la ligne donnée ...

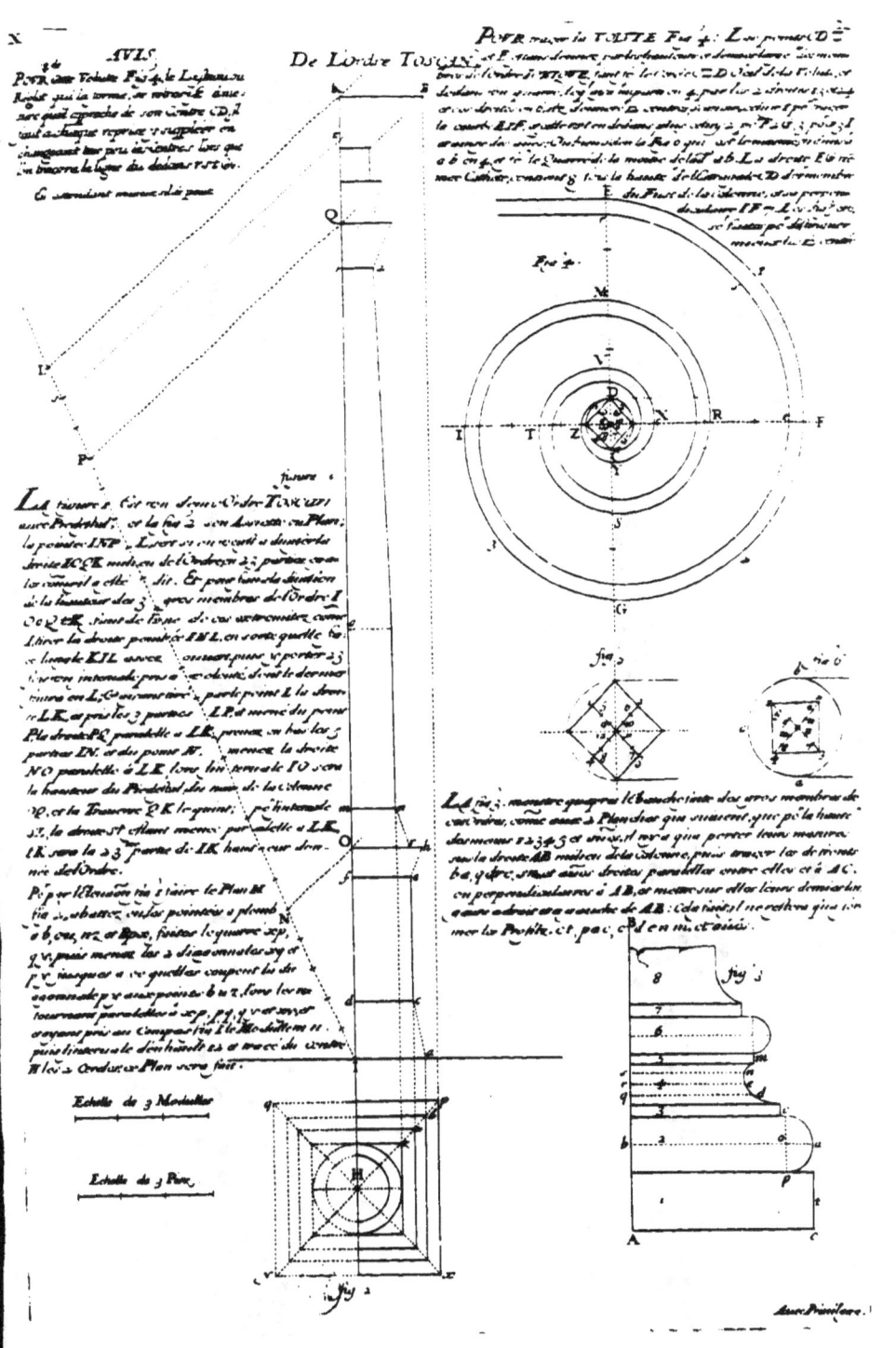

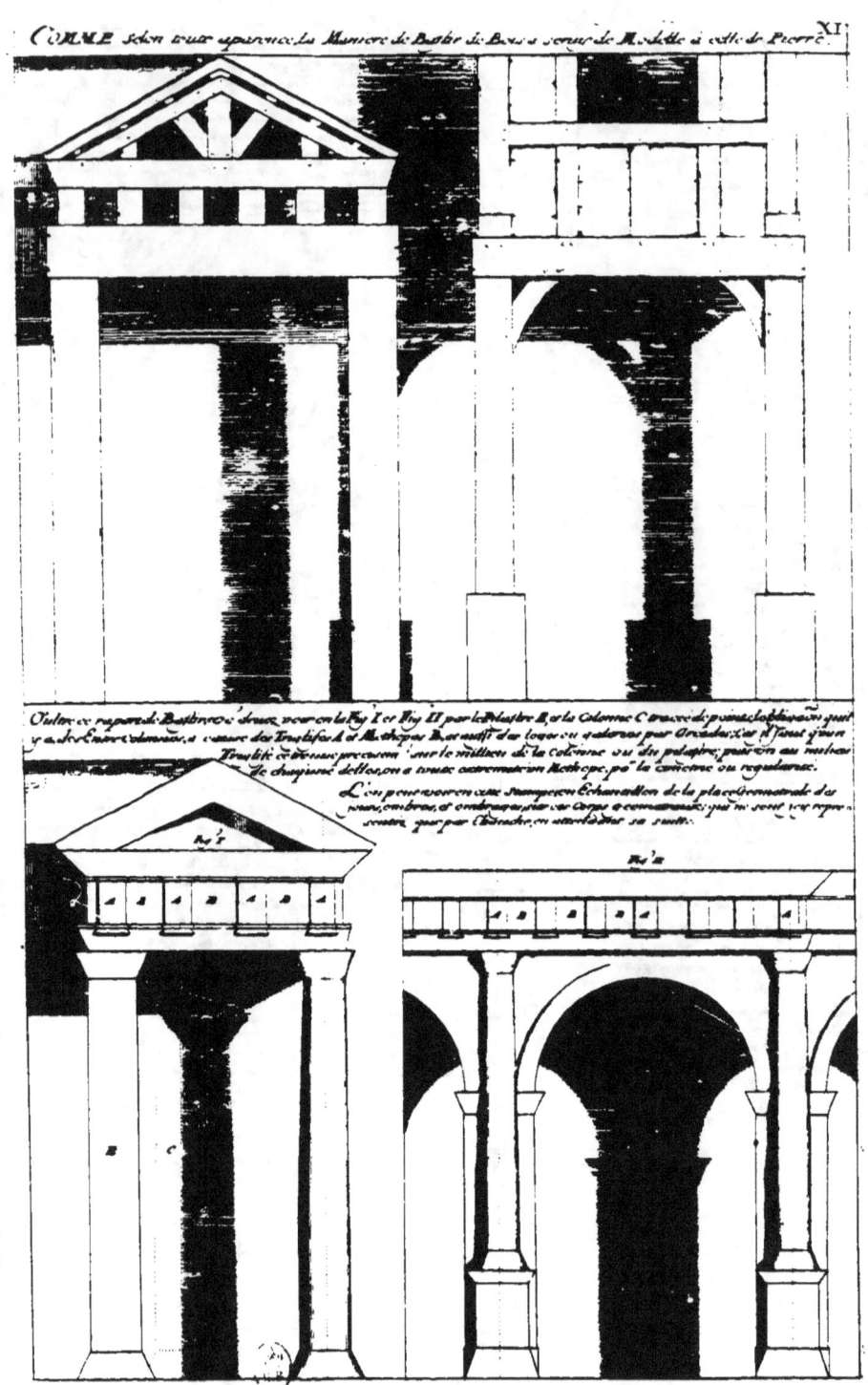

Fig. 2.

Fig. 3.

Fig. 4.

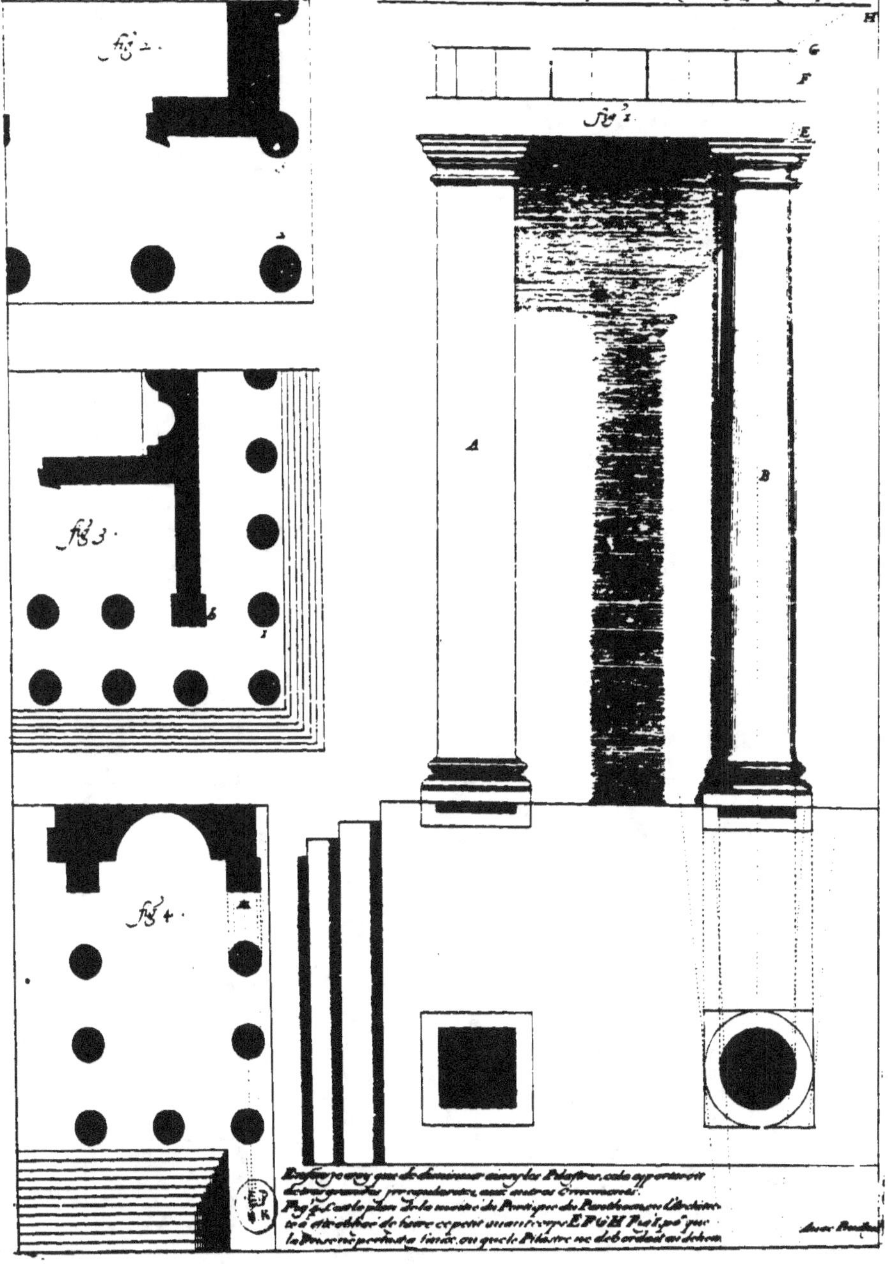

Fig. 1.

TOSCAN   DORIQVE

D	H	F	H	K O	P	h	F	H	K O
	CORNICHE					CORNICHE			
	FRIZE					FRIZE			
	ARCHITRAVE					ARCHITRAVE			
C	CHAPITEAV					CHAPITEAV			

TRAVERSE ou Entablement

COLOMNE

FVST

FVST

BAZE

CIME

TRONC

BAS

PIEDESTAL

| A | G | E | G | IN | S | E | G | IN |

Echelle de 3 Modules.   Echelle de 3 Modules.

Echelle de 3 Pieds.   Echelle de 3 Pieds.

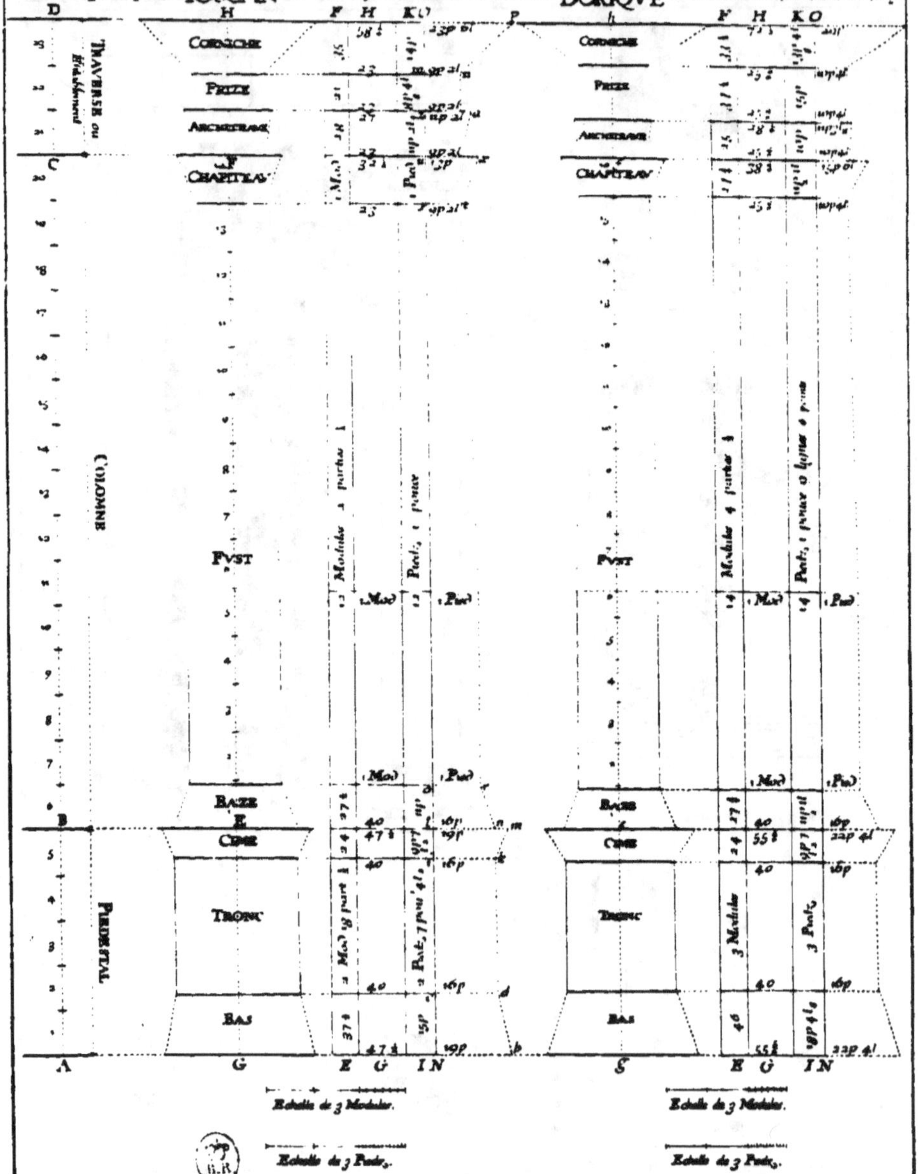

Le Module est divisé en 30 parties égales ...

avec Privilege

Diuison en forme d'Elbazader d'ahaute et larte d'vn ou neuf membres des Ordres, Ionique, Corinthien et Composé.
Comme cy deuant j'ay aduerti de la situation des mesures par le Module et par le pied et quels sont leurs places...
de moindre en Strou plus vcn, seulement inditeement, que pour l'Ordre IONIQUE, il faut diuiser toute la hauteur
de sa COLONNE, en 19 parties égales, et celle du CORINTHIEN et Composé en 20, et quatre-vingts ou en 18 et 20 parties...
sur le Module ou Pied pour mesurer par les neuf grans membres de l'Ordre, et en suitte les mesmes, aux Stampes ou Plan
ches qui Suiuent.

Manque de place je n'ay point représenté l'Ordre Composé entier, mais seulement les moitié, la cy suite.

IONIQUE   CORINTHIEN   COMPOSE

Echelle de 3 Modules.   Echelle de 3 Modules.

Echelle de 3 Pieds.   Echelle de 3 Pieds.

Vous allez voir aux Stampes qui suiuent les moindres membres de ces Ordres, ce qui se fait de la mesme sorte que ces
Ebauches, puisque ce ne sont pe'es plus part que des lignes droites et superficies plattes, paralelles et perpendiculaires
entre eux, ou d'autre-biaisagues ou retardées, ny autre que les Chapiteaux IONIQUES, CORINTHIENS et Composés, et quelques Mo...
dillons et Ornements, qui sont plus de temps et de pratique pour les dessiner.

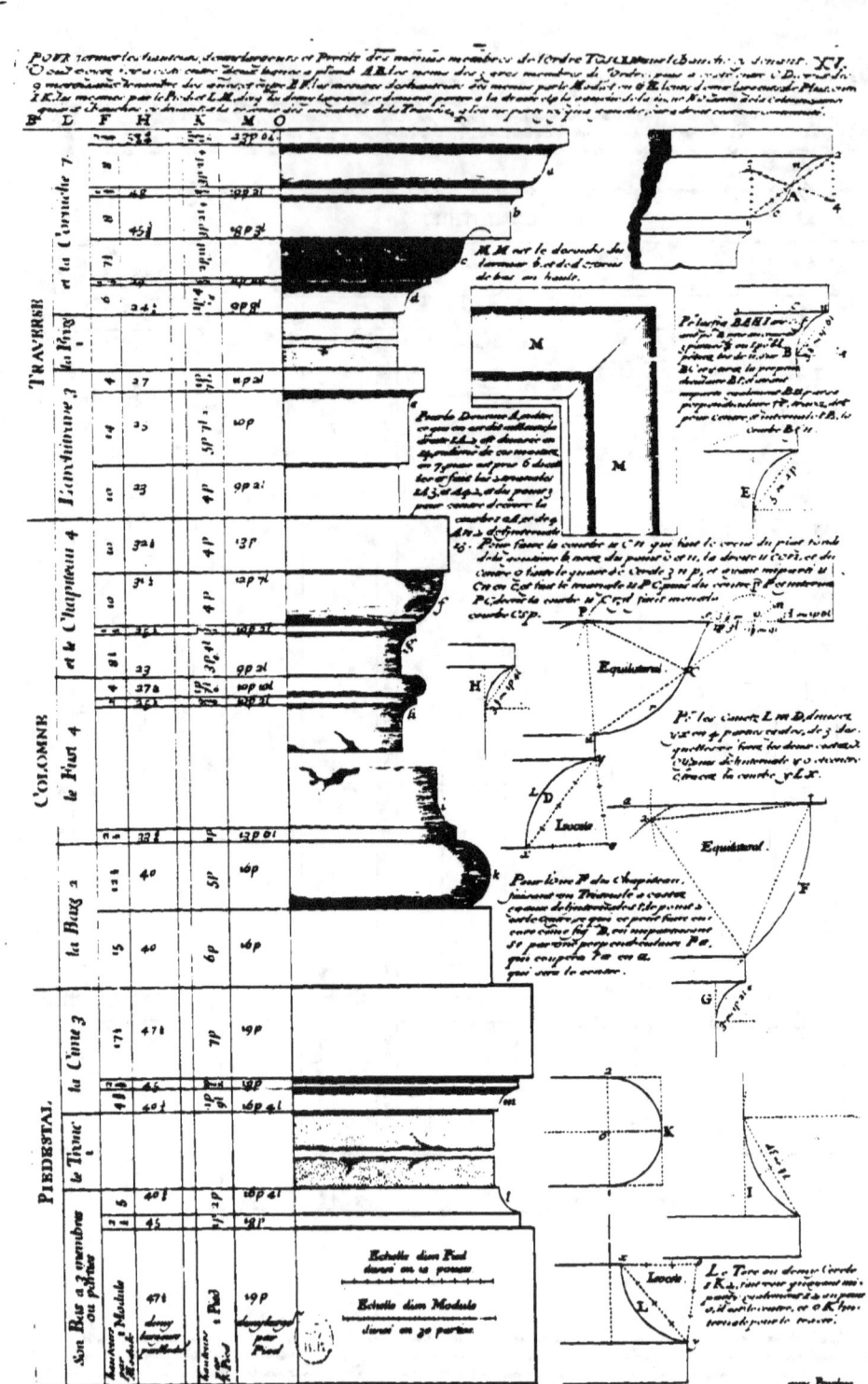

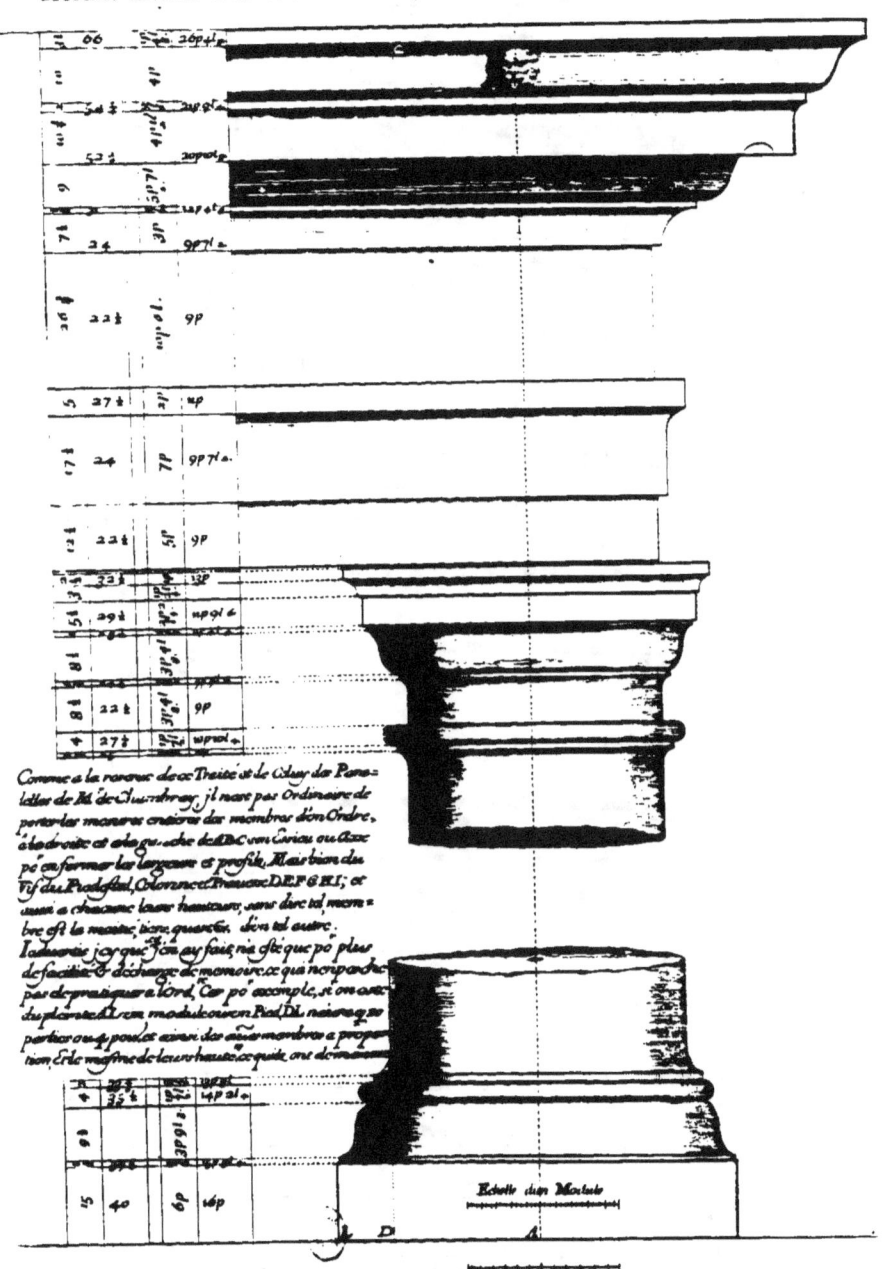

Echelle d'un Module

Echelle d'un Pied

Comme a la raveure de ce Traité et le Cahier des Para=
lelles de M. de Chambray, il n'est pas Ordinaire de
porter les mesures entieres des membres d'un Ordre,
à la droite et à la gauche de ABC ou Circes ou Axe
pò en former les largeurs et profils, Mais bien du
Vif du Piedestal, Colomne et Traverse DEFGHI; et
auan a chacune leurs hauteurs, sans dire tel mem=
bre est la moitié, tiers, quartier, d'un tel autre.
I'auverie i'ay que l'on ay faict n'a esté que pò plus
de facilité & décharge de memoire, ce qui n'empeche
pas de pratiquer a l'Ord, Car pò exemple, si on oste
du plan estaché ven module ou ven Pied DL, n'auray se
partie ou si pourci avoir des autres membres a propor=
tion, Et le mesme de leurs hauteur, ce qui est ont donné

Quelques Estendus en qu'est L'Architecture veulent qu'en disant Piedestal, Colonne, Entablement on y adiouste Fronton
comme faisant vne 4e partie de l'Ordre, ce qui peut estre, Neantmoins l'on fait souvent de ces Ordres sans Fronton et
sans Piedestal, mais comme ce chose se de volonté, chaqu'un en usera suivant son goust.   are Brodon

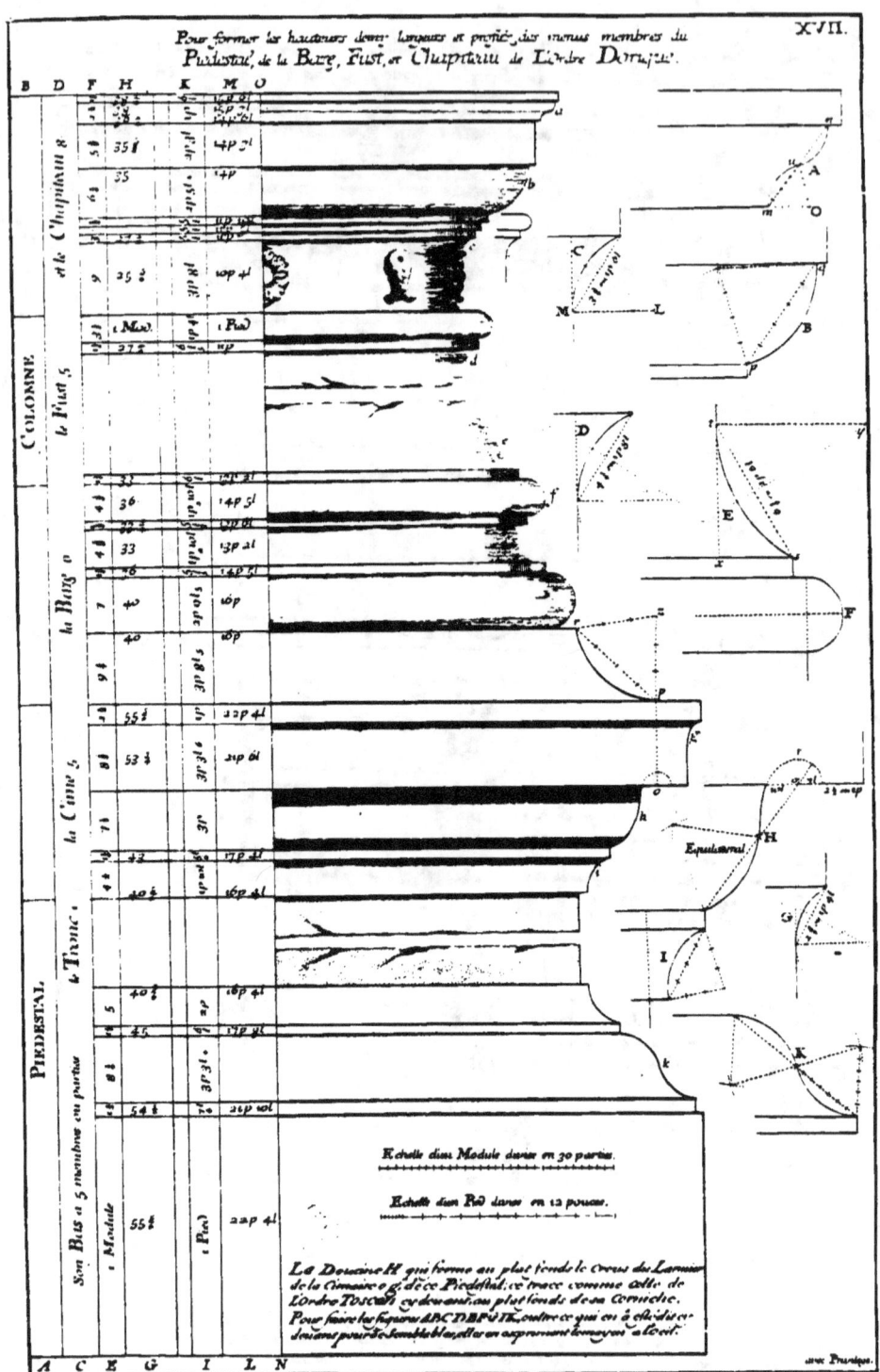

Pour former les hauteurs demi largeurs et profils des menus membres du
Piedestal, de la Base, Fust, et Chapiteau de L'ordre Dorique.

La Doucine H qui forme au plat fonds le Cœur des Larmier
de la Cimaise e g de ce Piedestal, se trace comme celle de
L'ordre Toscan, ce devant au plat fonds de sa Corniche.
Pour faire les figures A B C D E F G I K, outre ce qui est à clé des ce
devant, pour le semblable, elles en expriment le moyen à l'œil.

Echelle d'un Module divisé en 30 parties.

Echelle d'un Pied divisé en 12 pouces.

avec Pratiques.

Pour former les hauteurs demie largeurs et profils, des menus membres de L'architrave,
Frize, et Corniche Contenus en la Traverse Dorique.

Comme l'Ebauche cy s'devine les Soultles des gros membres de cette Traverse, il ne reste que les menus, et à distribuer
les Triglifes et Methopes, pour le plafonds E D E du Larmier, les sections en abaissant a plomb les pointes 1 2 3 4 5 6 d'icelles

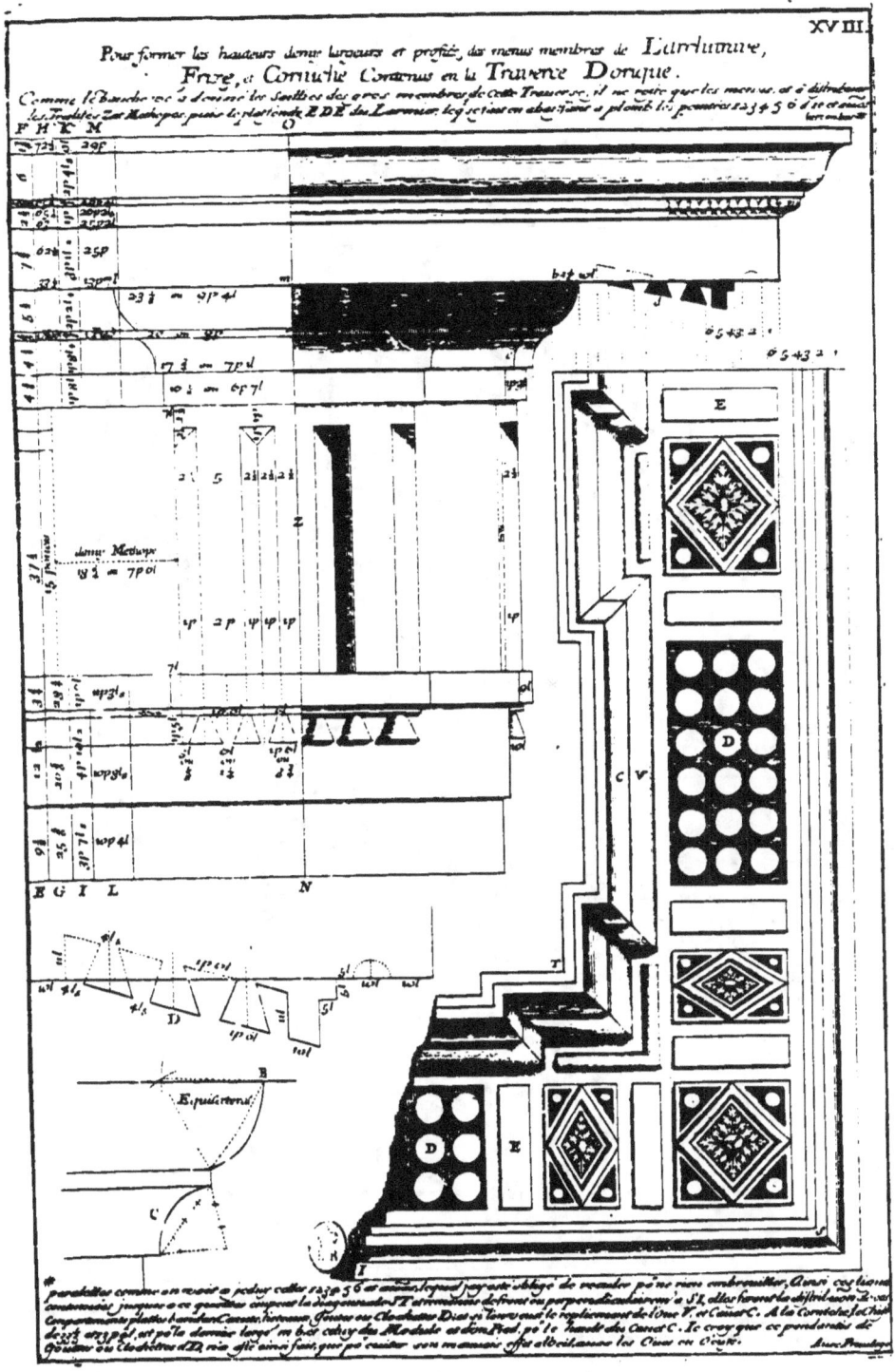

parallelles comme on voit a jacher celles 1 2 3 0 5 6 et ainsi, lequel joy este obligé de recarder pe ne rien embrouiller. Aussi ces lignes
construisse jusques a ce fondues couper la diagonnale P T et continue defroit en perpendiculaire ivy a S T, elles servent la distribution 2. voi
Compartimens plattes laroches Casses, hexeau, Poutre ou Clauchates Dias si l'oeuvre eut le replacement de l'Oue V. et Cavet C. A la Corniche la Chut
de 3/4 a 1/3 pol, est pe la dernier loury m'but cavay du Modiule et don Pied, pe le Pands des Cavet C. Je croy que ce perad estis de
Gousse ou Clauchates d'D, rien este ainsi fait, que pe eviter son menusui effet albeil avec les Oves ou Oeuts.

Avec Privilege

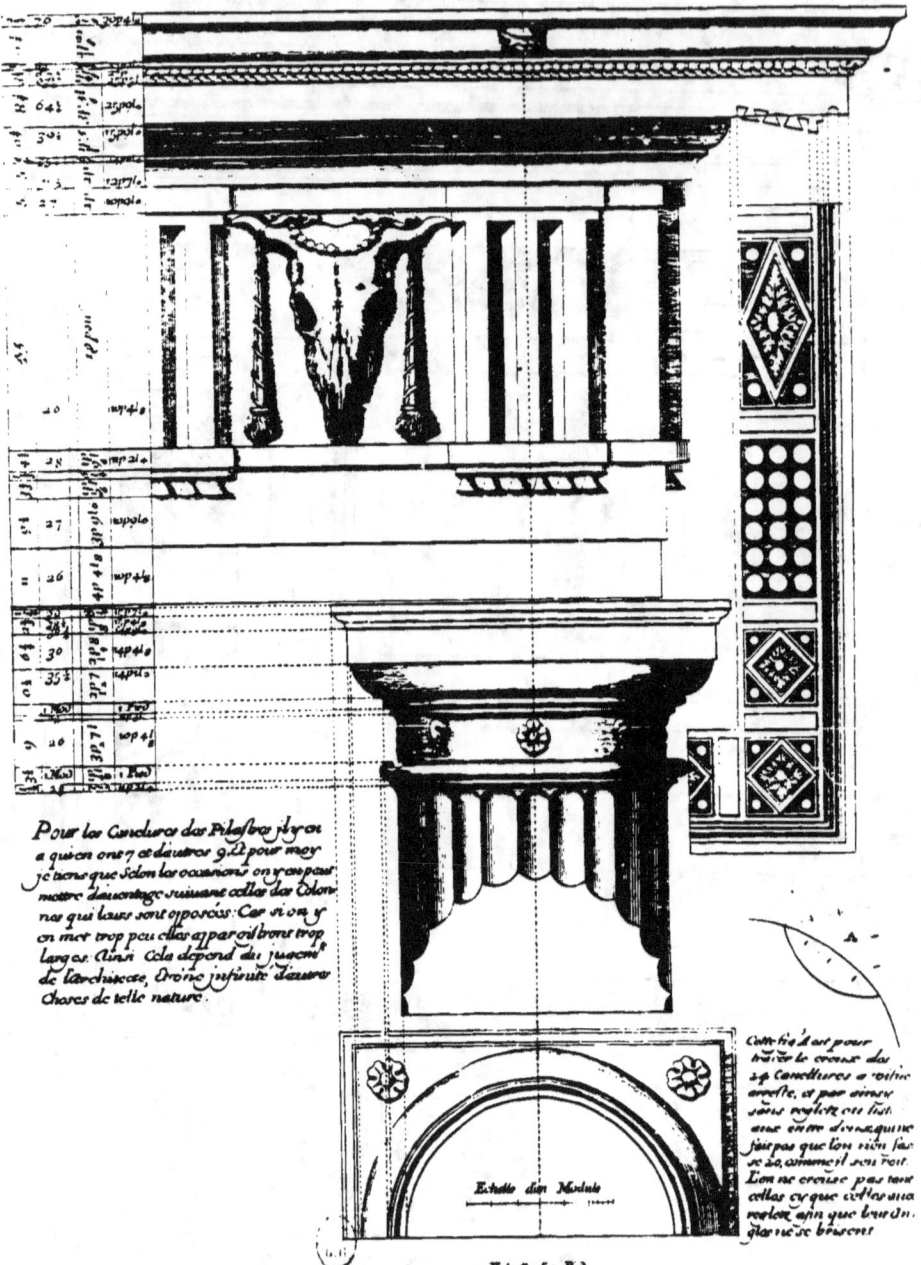

Pour les Cannelures des Pilastres il y en
a qui en ont 7 et d'autres 9. Et pour moy
je tiens que selon les occasions on en peut
mettre davantage suivant celles des Colomnes qui leurs sont opposées. Car si on y
en met trop peu elles apparoitront trop
larges. Ainsi cela dépend du jugement
de l'architecte. Et ainsi j'infinité d'autres
choses de telle nature.

Cette figure sert pour
tracer le creux des
24 Cannelures à ovale
arresté, et par ainsi
sans regletes ou liste
aux entre deux qui ne
fait pas que l'on voit fasse sa, comme il son faut.
L'on ne creuse pas tout
celles cy que celles au-
roules afin que l'un d'un
glas ne se brisent

Echelle d'un Module

Echelle d'un Pied

Pour ces Carnaux de Teste de Boeufs représentez en demy relief dans les Methopes, et autres entrailles des Sacri-
fices sanglantes, cela ne convient nullement a noz Temples et maisons, n'estant plus par la Grace de N.S. et S.I. Gentils
l'antiquaire Loony dans le paganisme. Ainsi ces Choses ne doivent estre d'usage que pour des décorations de Bouche-
ries, et de service pour les Peintres et Sculpteurs, en leurs Ouvrages, quand l'histoire le requiert.

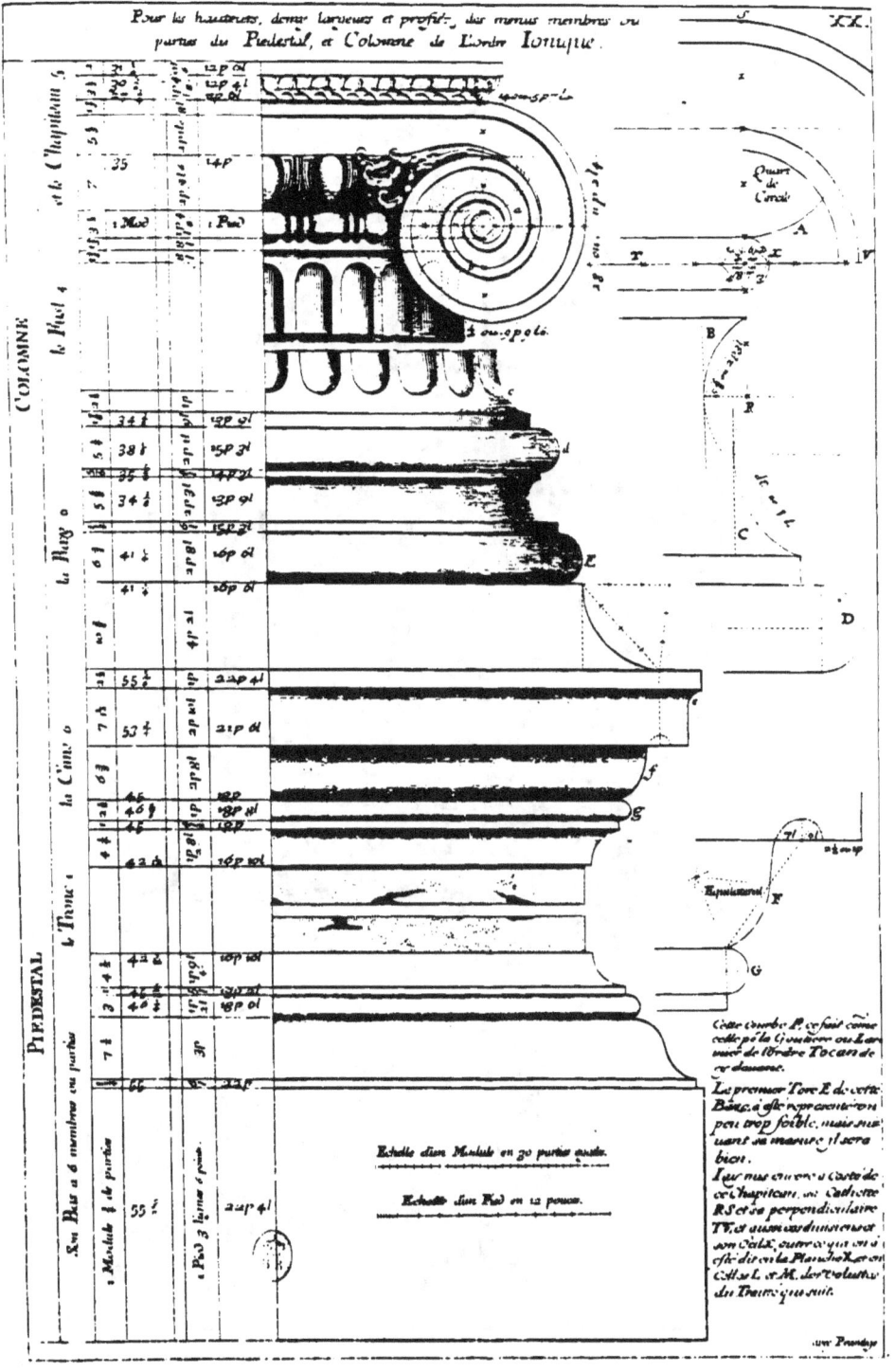

Pour les hauteurs, demi largeurs et profils, des menus membres ou
partes du Piedestal, et Colonne de L'ordre Ionique.

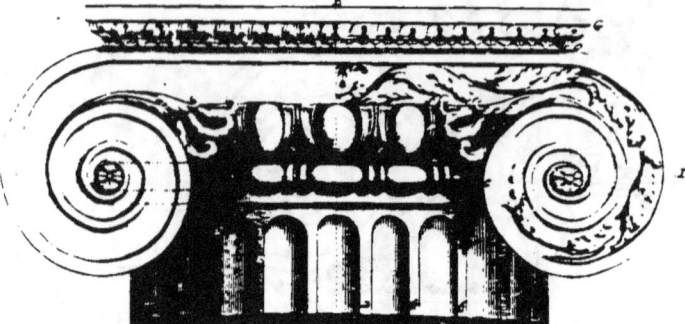

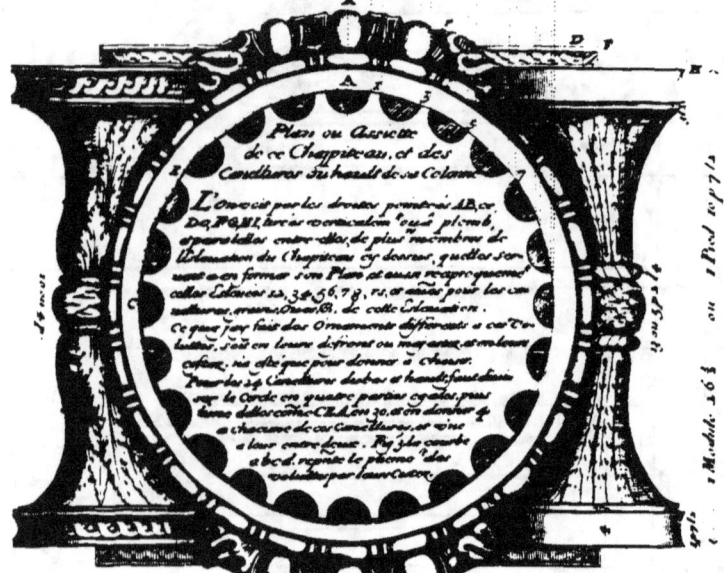

Plan ou Assiette
de ce Chapiteau, et des
Canelleures du hault de sa Colomn

L'On voit par les droites pointées AB, cr.
DE, FG, HI, tirées perpendiculaires et a plomb,
qu'ainsi belles entre-elles, de plus les ombres de
l'Elevation du Chapiteau cy dessus, qu'elles s'or-
uent a en former son Plan et aussi reciproquement
celles Eslevées 12, 34, 56, 78, 9, 10, et ainsi pour les can-
nelleures, encore, ou en B. de cette Eslevation.
Ce qui j'ay fait des Ornements differents a ces Voluttes, fais en leurs defons ou moyenne, et ne leurs
cistou, ni est que pour donner a choisir.
Pour les 24 Canelleures du bas et haut; faut diviser la Corde en quatre parties egales, puis
leurs distes comme CBA, on 30, et en donner 4
a chacune de ces Canelleures, et vint
a leurs contre fente. Fig 3 la courbe
a bcd. requise le plarine des
voluttes par leur Caton.

Fig 3.
Membres fiveurs .

La moitié de son Caste ou Profil, par deux Sortes d'ornemans.

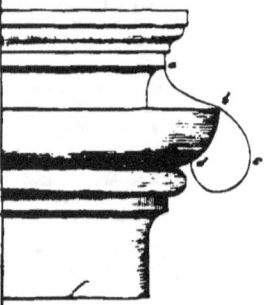

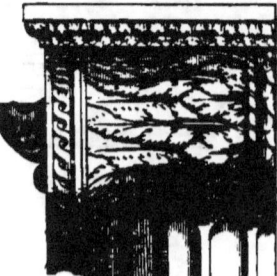

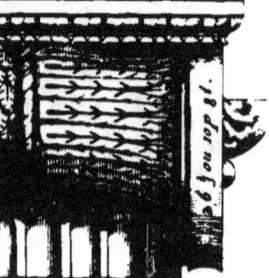

La hauteur, demi-largeurs et profils des mêmes numéros à
l'Architrave, Frise à Corniche de l'ordre Ionique.

XXI.

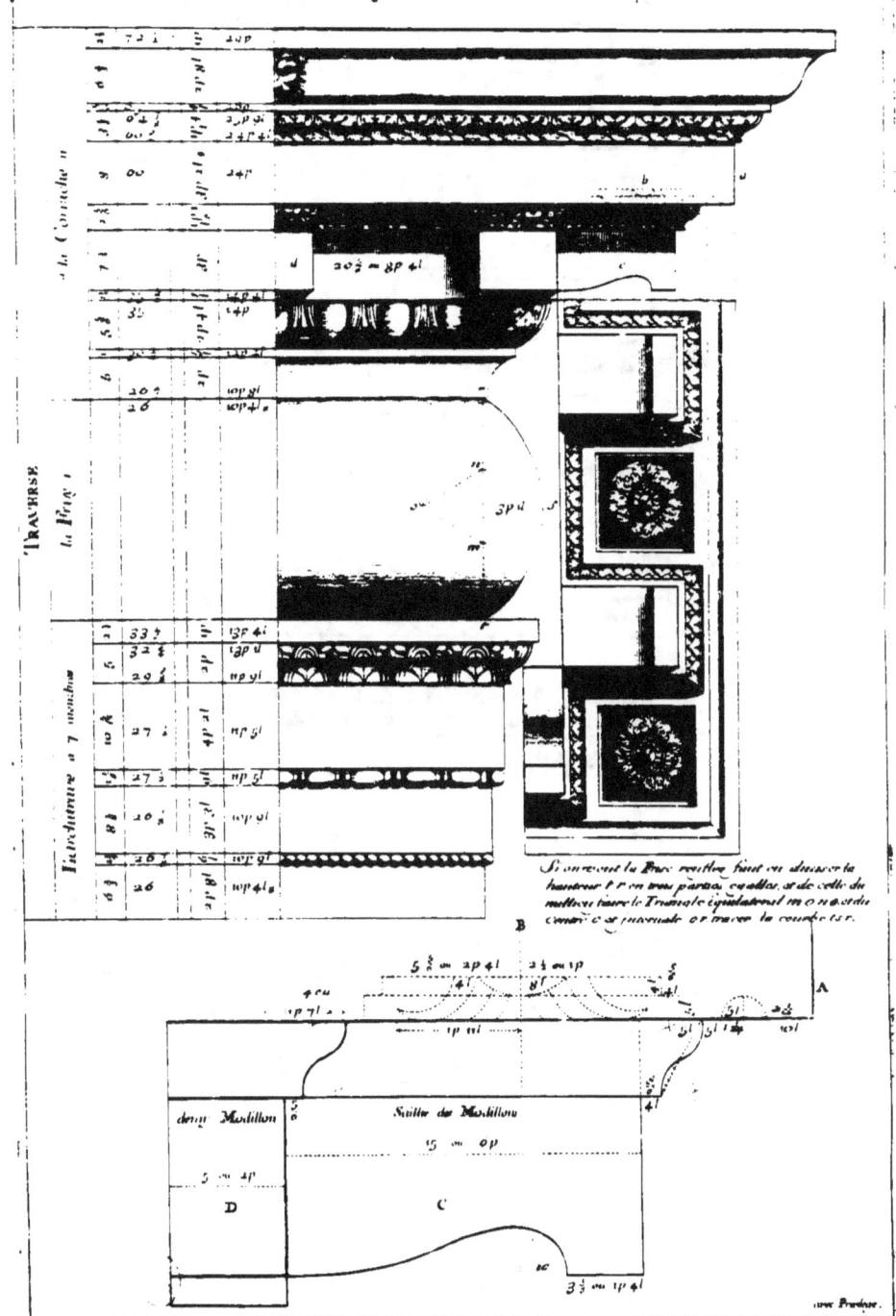

Si on veut la Frise renflée, faut en diviser la
hauteur B.F. en trois parties égalles, et de celle du
milieu faire le Triangle équilatéral m.o.n. et du
sommet o, se pivotale, on trace la courbe B.F.

demi Modillon

Suitte des Modillons

D

C

avec Prudence.

Pour les hauteurs, demi-hauteurs et profils, des mesures numériques
du Piedestal, Basy et Fust, de l'ordre Corinthien
XXII

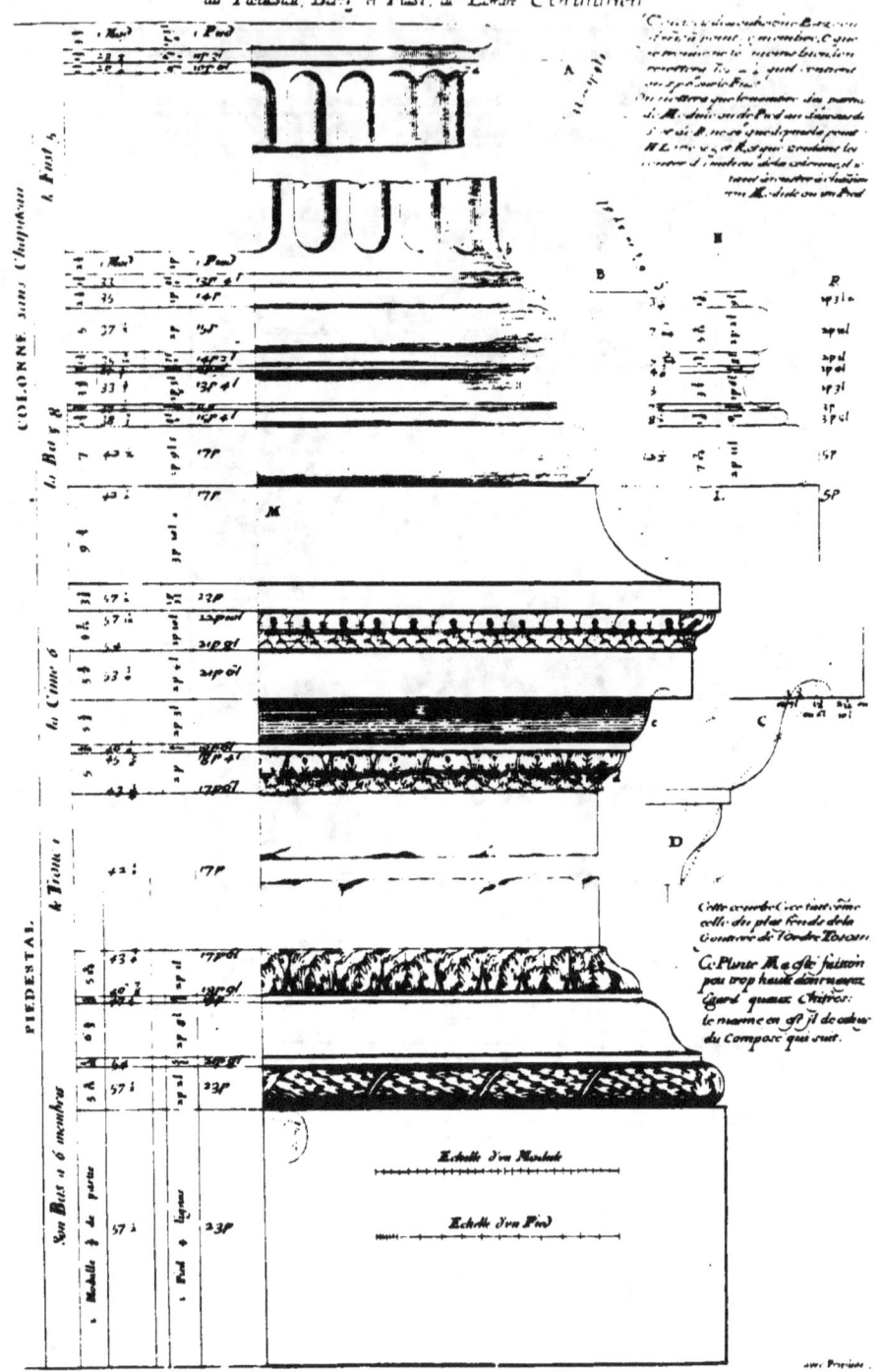

Echelle d'un Module

Echelle d'un Pied

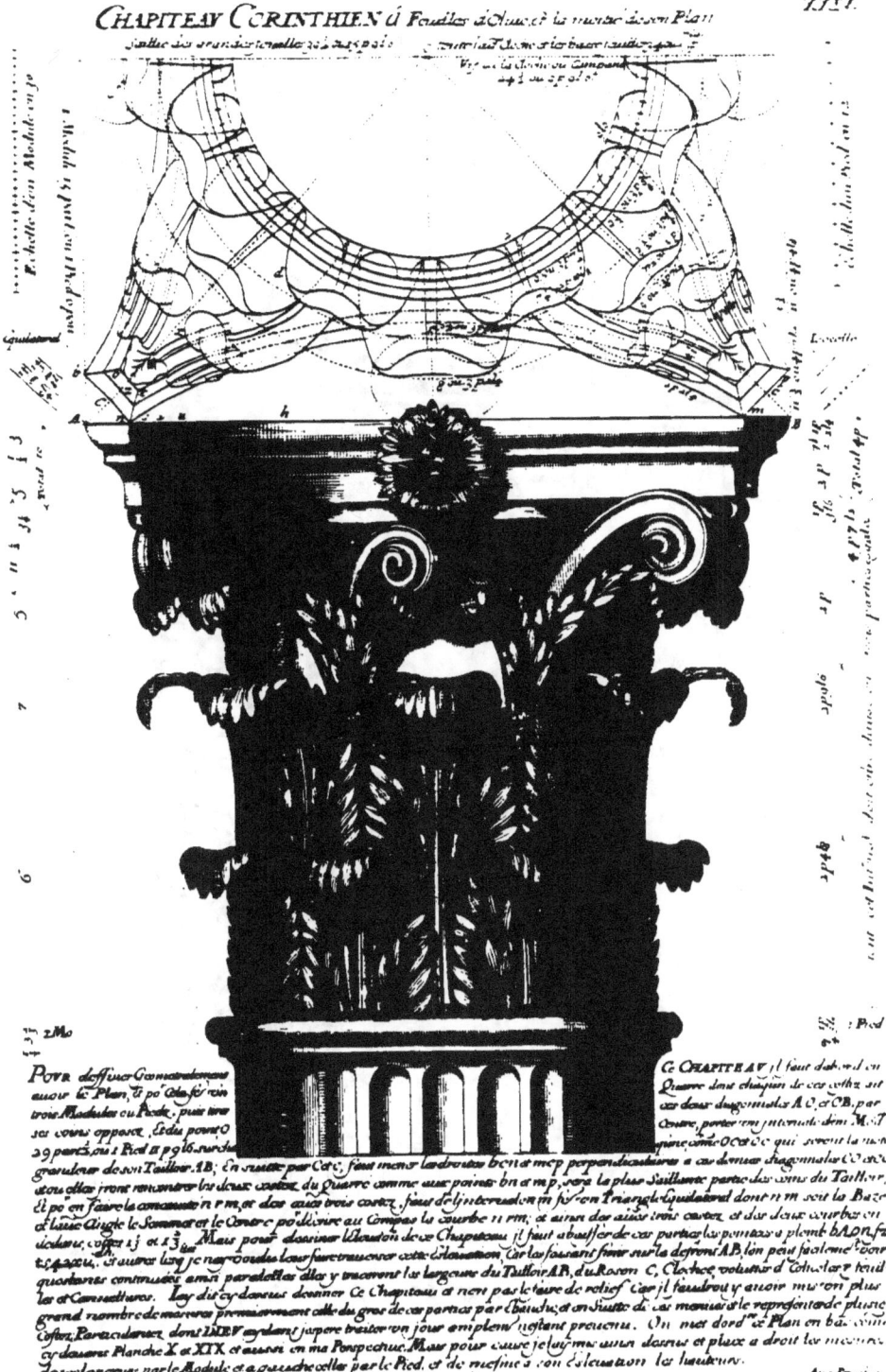

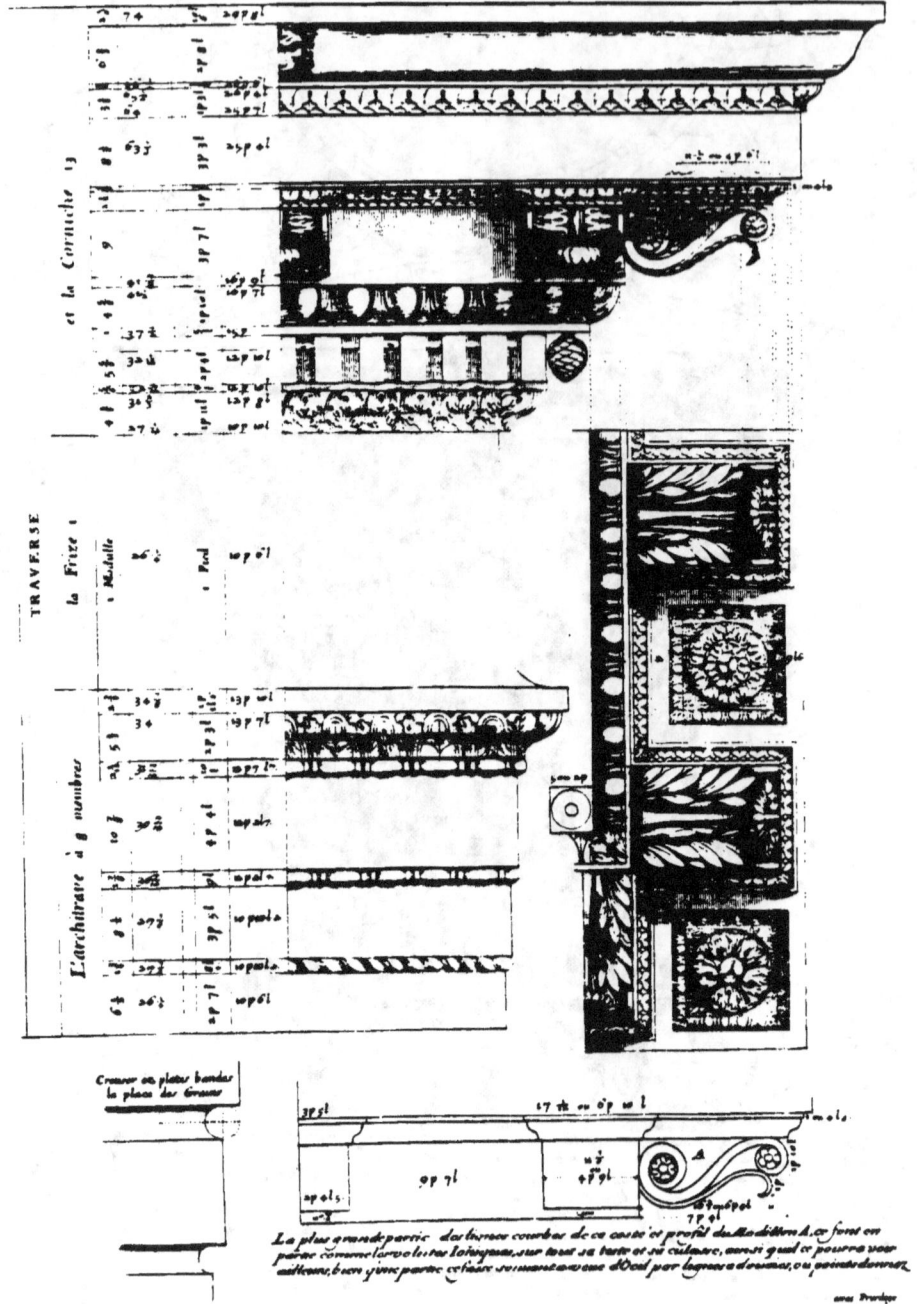

Les hauteurs demi largeurs et profils, des menus membres de
L'architrave, Frize et Corniche de L'ordre Corinthien.

XXI.

La plus grande partie des lignes courbes de ce coste et profil du Modillon A, se font en parte comme la volute Ionique, sur tout sa teste et sa culasse, ainsi qu'il se pourra voir ailleurs, bien qu'une partie ce face se mouvant aveq une d'Oeil par la grandeur d'ovales, ou points donnez.

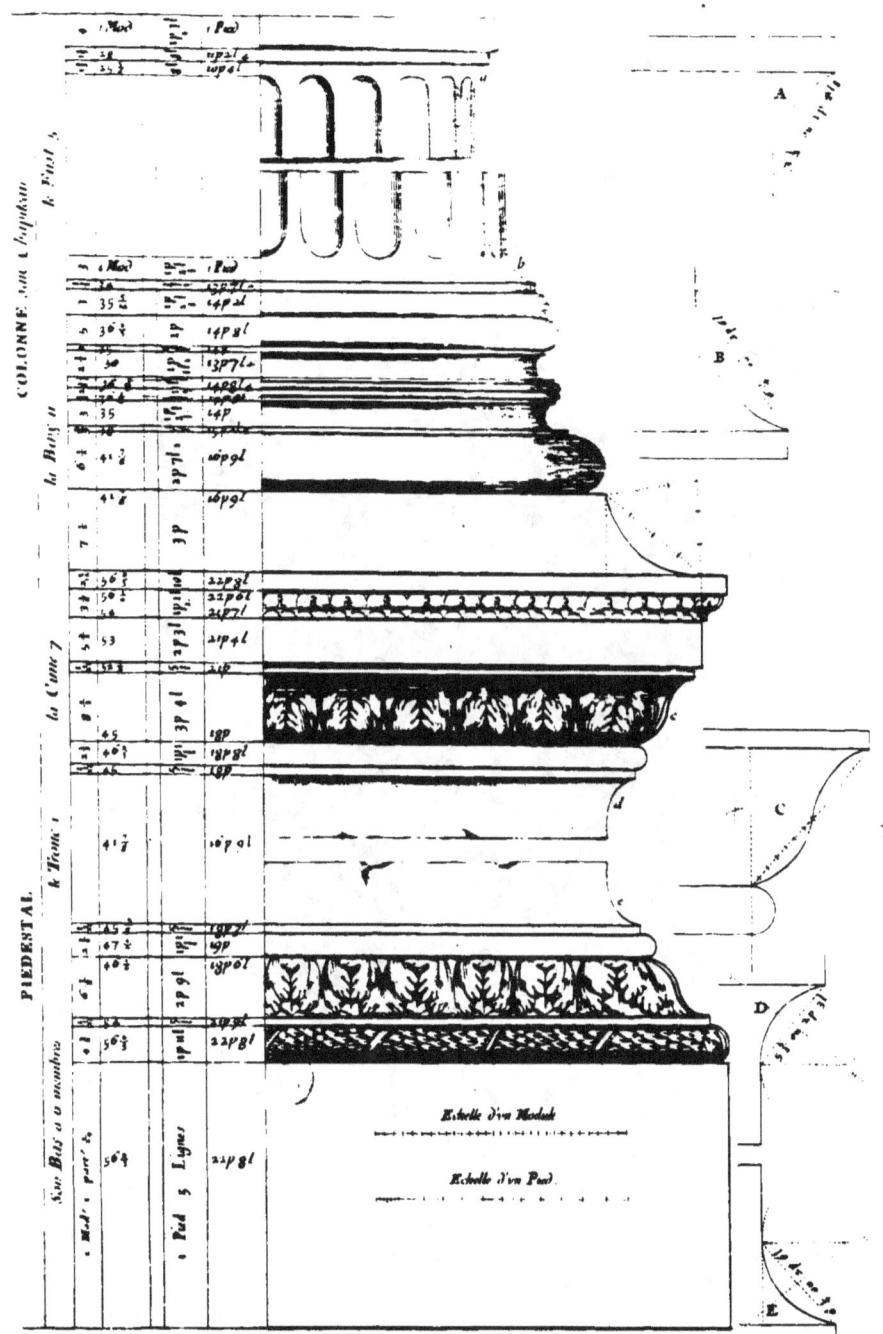

Pour les hauteurs, demi-hauteurs et profils des divers membres
du Piédestal, Base et Fust de l'Ordre Composé.

Echelle d'un Module

Echelle d'un Pied

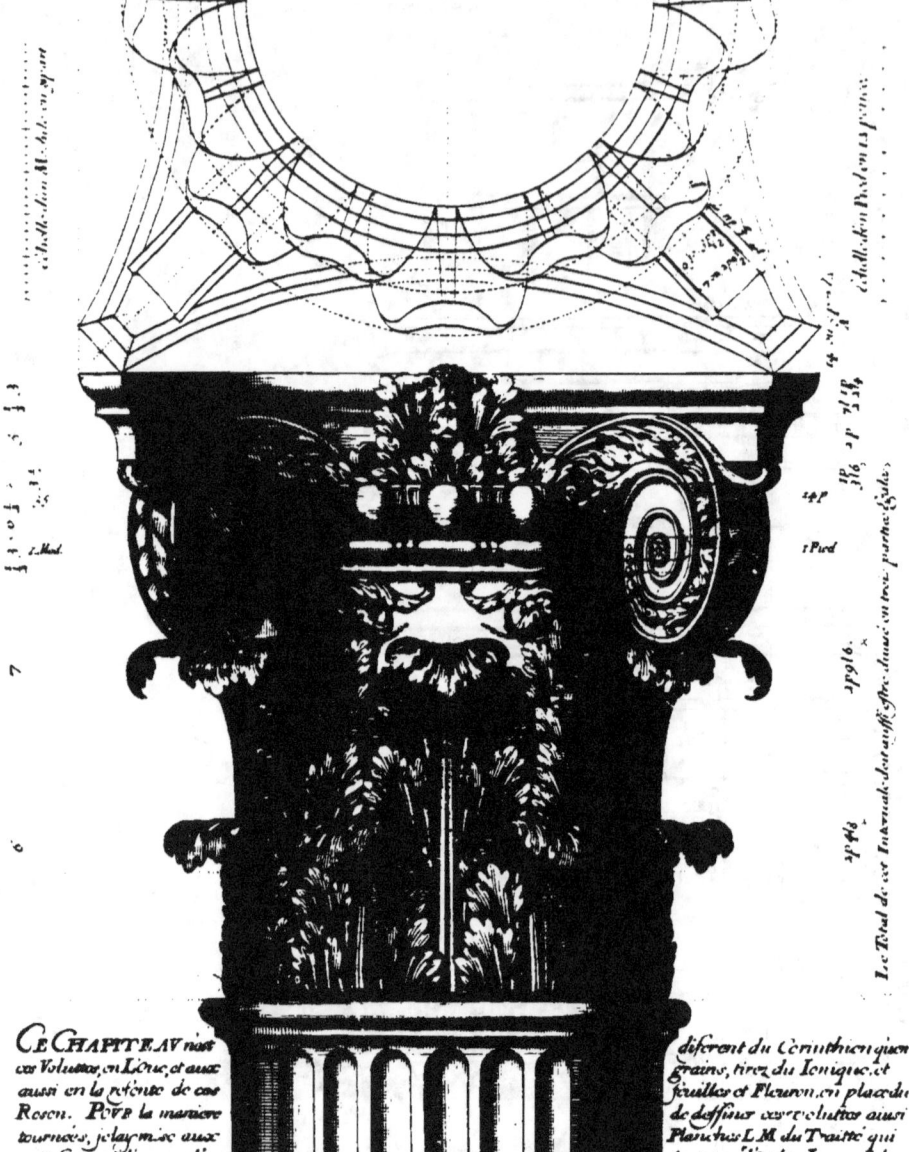

CE CHAPITEAV n'est
ces Volutes, en Loüe, et aux
aussi en la refente de ces
Roses. POVR la maniere
tournees, je lay mise aux
suit, Et aussi lors que l'on
tourner suiuant lar Angles

diferent du Corinthien qu'en
grains, tirez du Ionique, et
feuilles et Fleuron, en place du
de deffuer ces volutes ainsi
Planches L M du Traitte qui
desire pe l'Ordre Ionique les
du Tailloir de son Chapiteau.

Ces Volutes ne se rencontrent pas assez au milieu des feuilles qui les touchent. Mais les plaçant au plan
Suiuant le chifre coté près de A Elles si rencontreront. Au Chapiteau Corinthien de ce deuant, manque de pla
ce je n'ay peu aduertir que le plan de ces Volutes estant fait Exactement, il auroit fallu leur donner du talus
ou de l'indination, autrement Elargir londroit ou les fenilles les touchent, et par ainsi on n'auroit parroit l'En-
roulement des Costez. Mais comme jay dit, cela doit estre fait exactement en la maniere de ces Chapiteaux
de Relief, laquelle pourront sembler en peu haults, a ceux qui ne feront pas reflexion, qu'estants en Oeu
ure et surtout en grand et par ainsi bien Esloué au dessus de l'Oeil, ilz n'apparoistront assez racour-
cis; Car pour ceux de qui la profession est de faire ces Ordres en petit, come aux Tabernacles, Cabinets, et de
autres Ouurages; ilz en peuuent diminuer la hauteur proportionnellement.

Auce Priuilege.

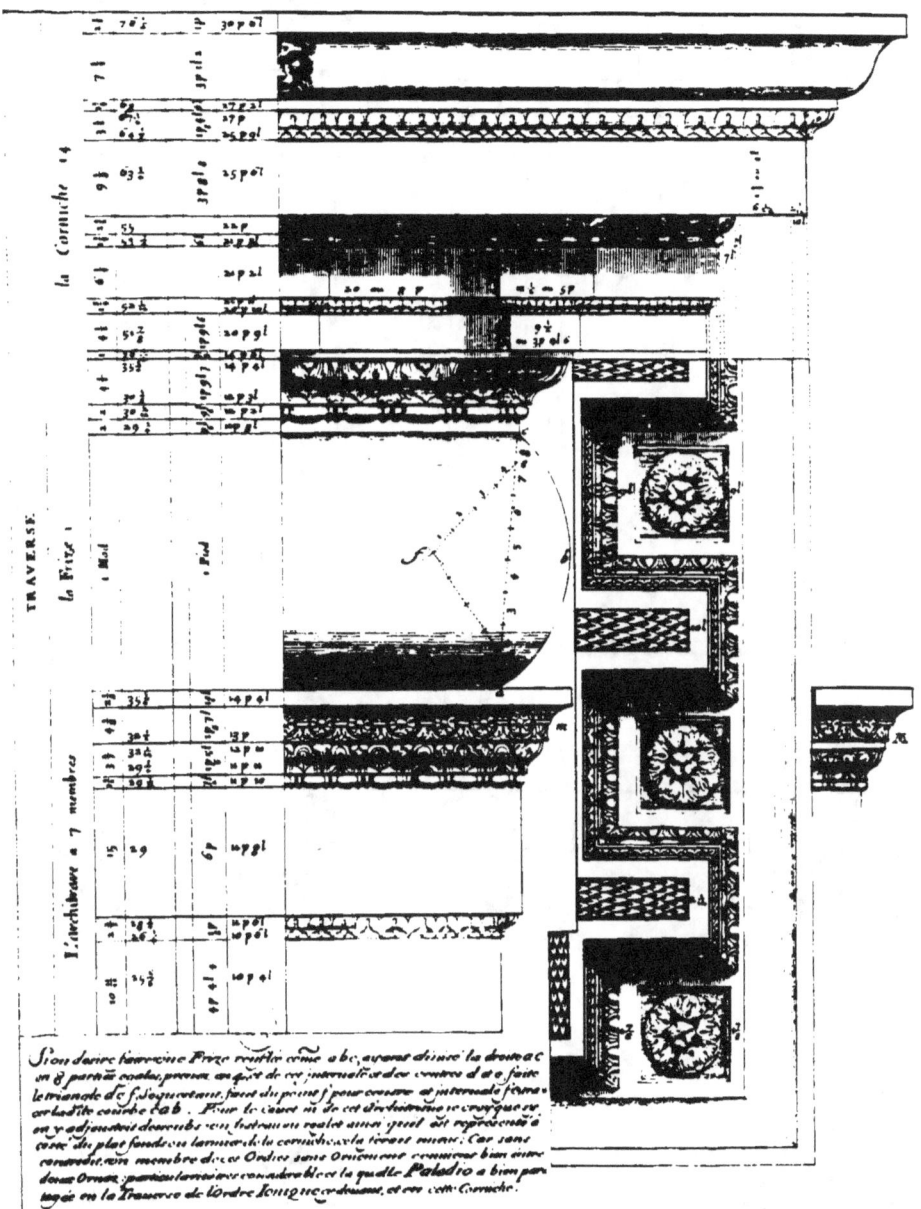

Les hauteurs, demi-largeurs et profils des menus membres de
L'architrave, Frize et Corniche de L'Ordre Composé

TRAVERSE.

la Corniche 14

la Frize 1

L'architrave a 7 membres

S'on desire traverser une Frize courbe côme *a b c*, ayant divisé la droite *a c*
en 8 partie egales, prenez en *a* et de ces intervalle et des contres d'*a* et *o* faict
le triangle de *f*, lequel estant, faict du point *f* pour centre et intervalle *f* est
or la dite courbe *t a b*. Pour le reste in de cet architrave se remarque...

Ebauche de ...dre Dorique sans Piedestal pour faire voir L'intervale d'une Colomne a l'autre.

Et comme en Triglife ce doit rencontrer precisement sur chaque Colomne, et entre-elle en Methope comme celuy M et sur l'entre-colomne y encontroit, il se trouvera entre-elles le Triglife N.

La mesme chose pour L'ordre Ionique.

Des Modillons en entre-chaque colomne, ou sur des entre-deux estans plus proche.

Methope 27 ? ou 3 P.   N   M   Triglife ... Fin.

¾ Mod 22 part, ou 4 Pieds 9 pou...

4 Mod 5 part, ou 4 Pieds 3 pou...

avec Privilege

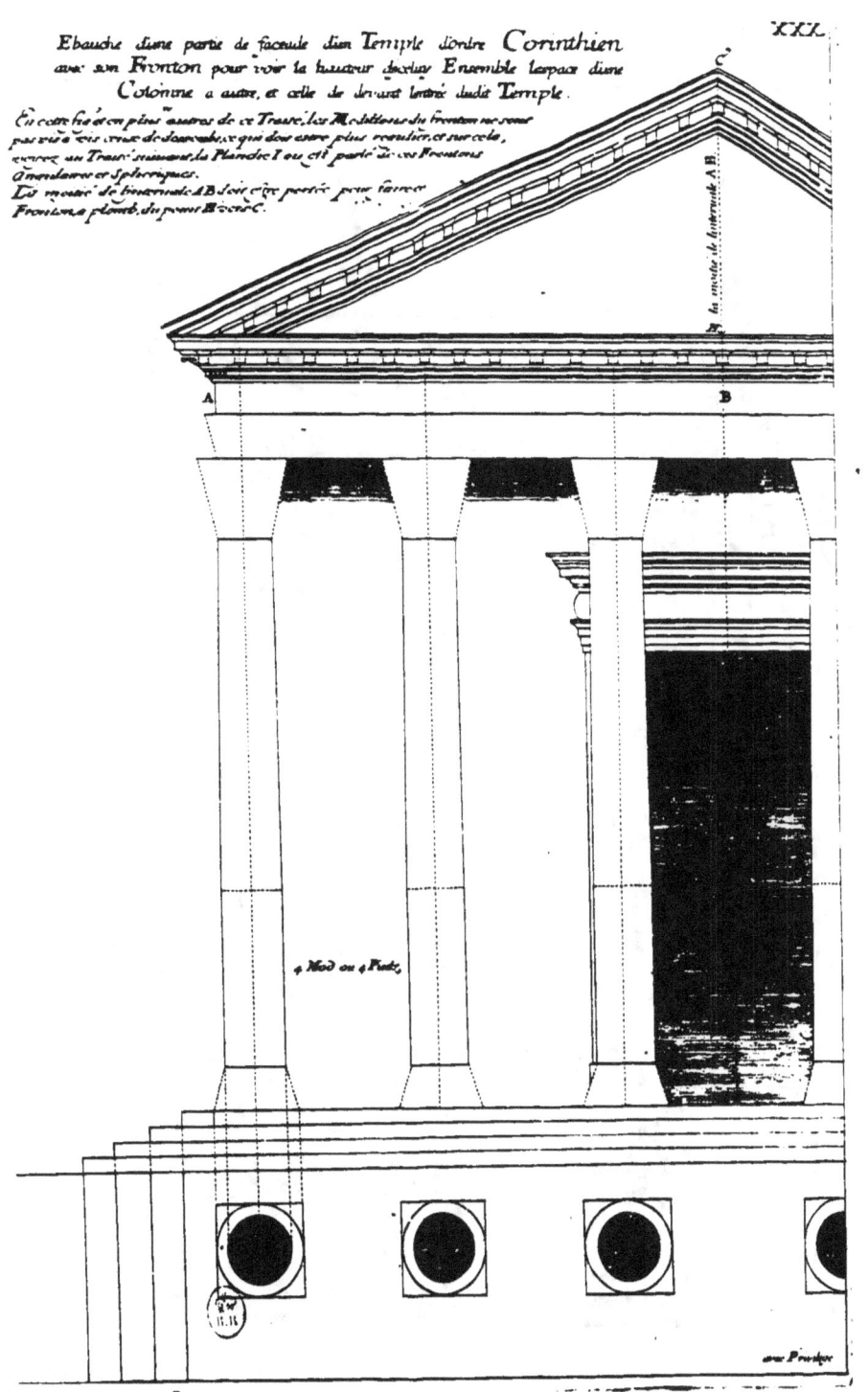

Ebauche d'une partie de façade d'un Temple d'ordre Corinthien
avec son Fronton pour voir la hauteur de cedit Ensemble l'espace d'une
Colonne a autre, et celle de devant l'entrée dudit Temple.

En cette fig et en plusieurs autres de ce Traité, les Modillones du fronton ne sont
pas vis à vis ceux de dessous, ce qui doit être plus régulier, et sur cela,
voyez au Traité suivant la Planche I ou est parlé de ces Frontons
Angulaires et Spheriques.

La mesure de l'intervalle AB doit être portée pour faire ce
Fronton, a plomb, du point B sur C.

Les hauteurs et Saillies des menus membres ou parties des Imposter d'Arcs
des Ordres Dorique, Ionique, Corinthien et Composé
Les largeurs des membres de ces Impostes, se portent que de la ligne AB, vers C, aumquaux TOSCANE est en la planche I du second.

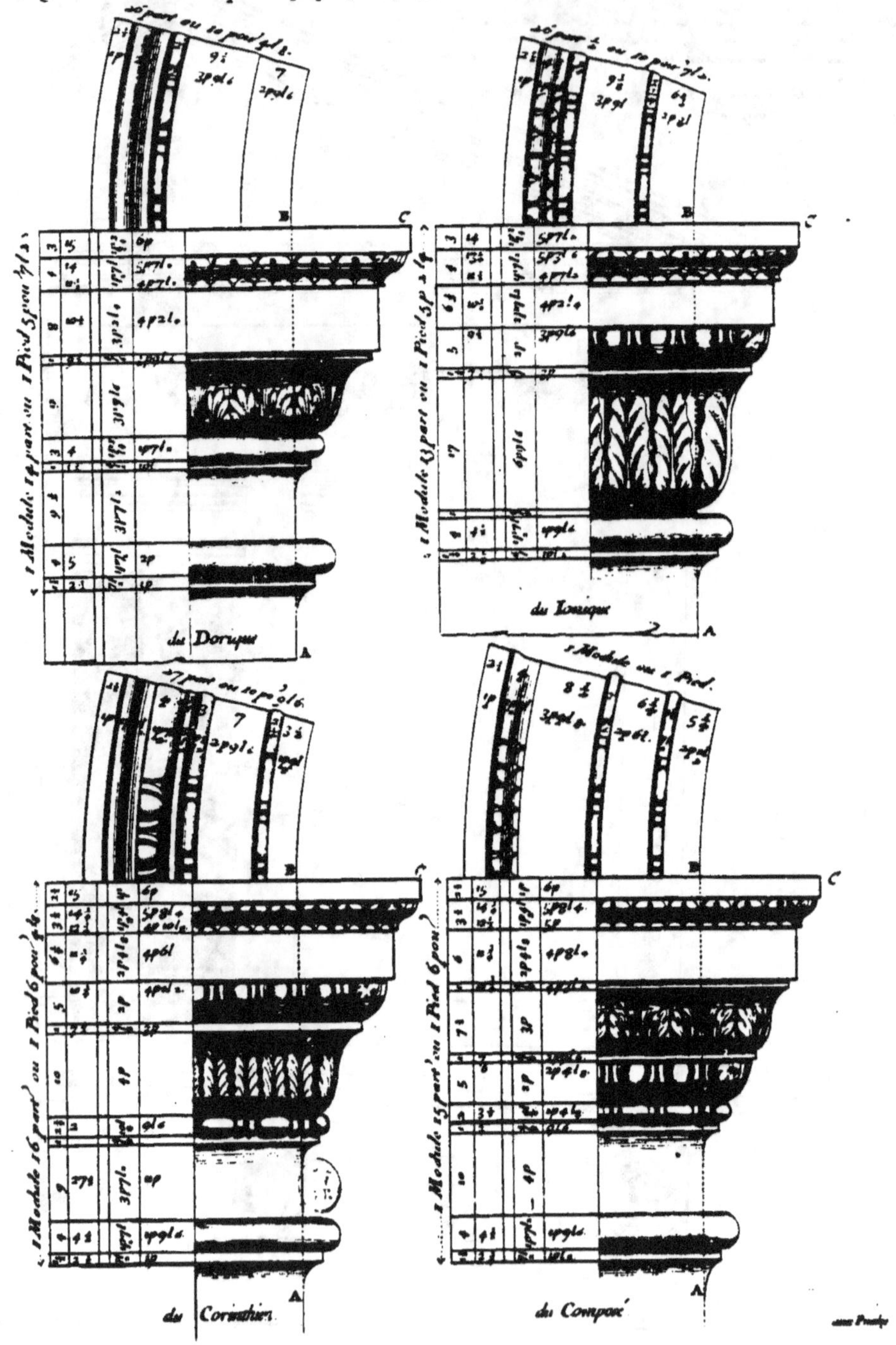

du Dorique

du Ionique

du Corinthien

du Composé

premiere fig   3.me fig   2.me fig

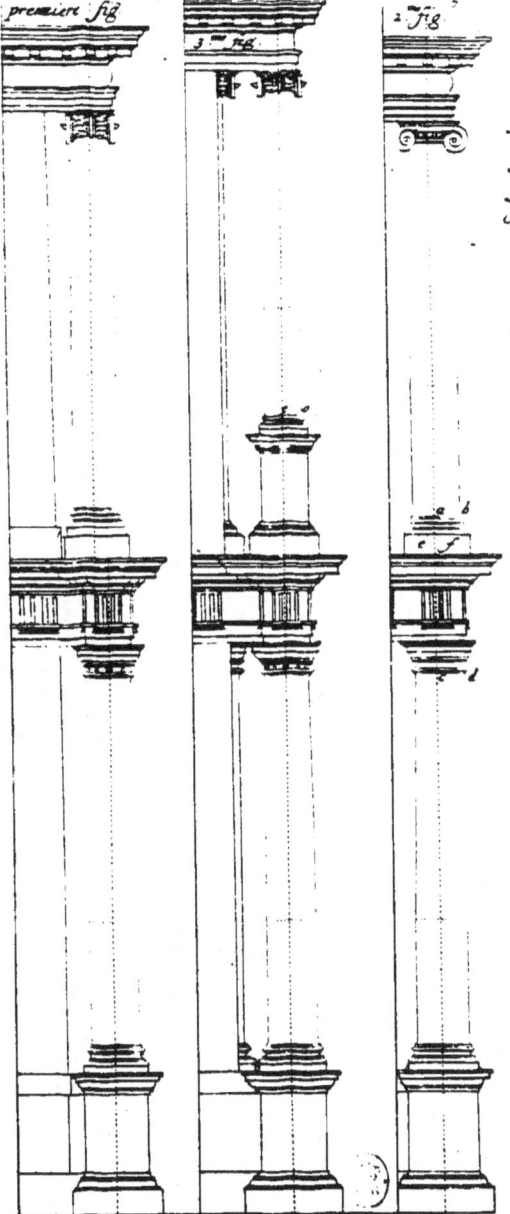

QVAND on desire de ces Ordres les Bastiments, et que l'on y en met l'vn sur l'autre, ceux qui ont cela pour ce qu'il ne falloit point diminuer le Fust de leurs Colonnes par le haut, ont temoigné par là n'estre guiere plus instruicts dans le precis effet de la vision que l'autheur de la Perspectiue pratique, ny en leur solide et agreable situation et distribution, & les faisant porter à faux ainsi qu'au Portail d'vne des fameuses Eglises de cette ville, rue S. Anthoine, ou comme cela est representé icy à costé par la premiere figure.

Et d'autant qu'il se rencontre des sujections pour les y bien situer, afin que leurs principaux membres ne portent ainsi à faux, j'en veux dire quelque chose, sur tout quand ils ont vn Piedestal.

Ie desirerois donc que de l'Ordre de dessus, le Vif du Tronc ou Dez du Piedestal, portast à plomb sur celuy de sa Frize et de sa Colonne par en hault, comme en la 3.e fig: puis faire que sa moitié fust le Module pour mesurer toutes les hauteurs des gros et menus membres, je dis les hauteurs non leurs demies largeurs ou saillies, car je les voudrois faire suiuant le Module ou Pied trouué e o. Car la diminution des gros et menus membres d'vn Ordre, n'est pas si sensible à l'œil en largeur qu'en hauteur.

Lors qu'il n'y a point de Piedestal 2.e fig. il seroit bon, le demy diametre a b fust le module donné de l'Ordre qui est tel que c d. haut de la Colonne de dessoubs, et ainsy selon que la plus ordinaire distance à voir l'édifice s'y plus grande, de faire le Socle e f plus hault; le Crois aussi qu'il seroit à propos, que l'on ne diminuast pas tant par hault la Colonne de celuy de dessoubs, car cela aideroit encore à ne pas tant diminuer le module de celuy de dessus. I'ay remarqué en des Frizes et Architraues de quelques Ordres du Traité des Paralleles de M. de C. qu'elles ont plus de saillies que le vif de la Colonne par hault, ce qui pourroit bien auoir esté fait, pour faciliter ce que dessus: Mais le resultat de tout cela est qu'il faut aux occasions que l'Architecte en vse auec prudence, Et apres tout, ie declare que cette particularité auec quelques autres meriteroit bien vne plus ample meditation et discussion. Vn praticien de ces Ordres, soit en maçonnerie ou menuzerie, doit sçauoir que s'estant obligé d'en faire de plus ou moins hautes, tant aux dehors qu'aux dedans des Edifices: que l'Œil du regardant ne changera pas d'Eleuation, et qu'ainsy s'il est judicieux, il en doit changer les mesures à proportion; Car il y a bien de la difference, entre en regarder vn hault de 40. ou 50 pieds d'vne Eleuation d'Œil de 4. à 5. d'auec vn de 12. ou 15. de cette mesme eleuation d'Œil.

Enfin j'estime qu'il faut rarement mettre des piedestaux aux ordres de dessus, à moins que les faire porter à faux, ou d'en trop diminuer les Colonnes, ou pilastres, ny d'en mettre au dehors des Edifices exposés dans les rues. Mais bien aux cours, vestibules, Salles, Salons &, ainsi des socles vn peu eleués, y conuiennent mieux à mon auis.

Ie diray en ce reste de place à ceux qui veulent que la diminution du fust des Colonnes se commence dès leur naissance ou Bas qu'ils ne pretendent d'obliger les autres d'en vser ainsy, du moins iusques à ce qu'ils soient de leur opinion. Mais de Croire comme eux que les regles et pratiques de Geometrie et de Perspectiue ne seruent de rien à la representation des Tableaux d'Histoire et solides ou Corps composés de lignes et de Superficies courbes, ils ne trouueront s'il leur plaist point mauuais que l'on leur nye absolument, et de les aduertir que c'est aller contre la demonstration.

Manieres de tracer ou decrire tout d'un Trait comme au Compas la ligne courbe qui forme
de Coste et d'outre le Fust des Colonnes, soit depuis leur tiers vers le Bas, soit qu'elles soient renfleés
par le tiers ou par leur milieu.

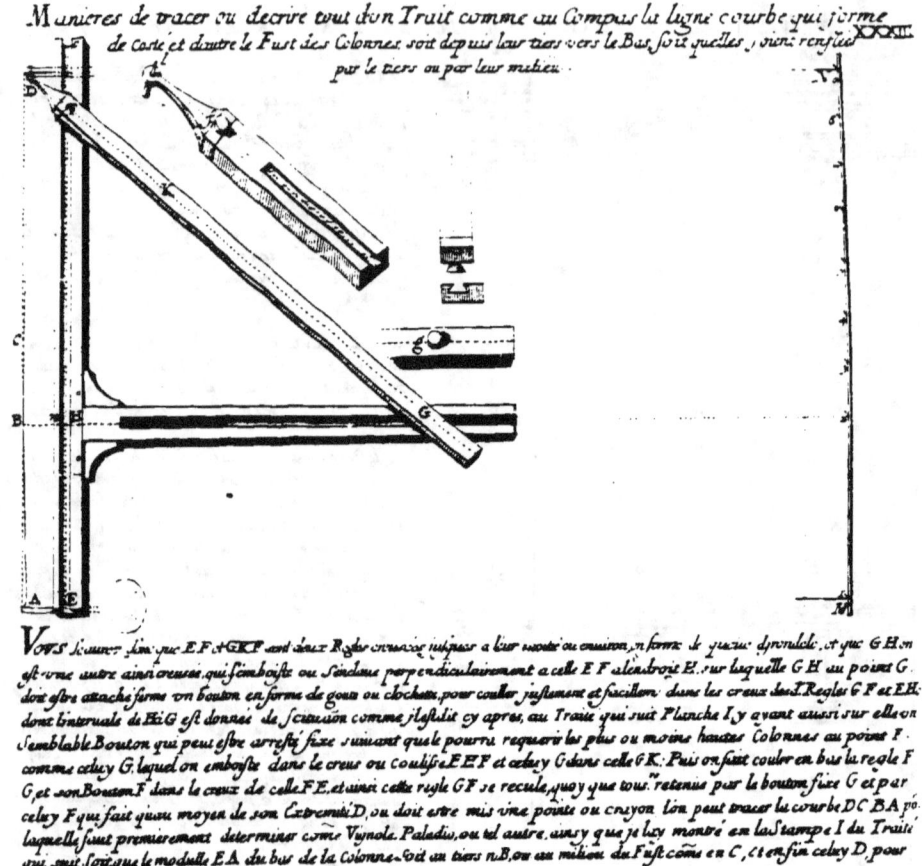

VOus sçaurez donc que E F et G K F sont deux Regles creuses jusques a leur moitié ou environ, en forme de queue d'aronde, et que G H en
est une autre ainsi creusee, qui s'emboiste ou s'enclaue perpendiculairement a celle E F, à l'endroit H, sur laquelle G H au point G
doit estre attaché ferme un bouton en forme de goute ou clochette, pour couler justement et facilem.t dans les creux des I. Regles G F et E H.
dont l'interualle de H à G est donnée de situation comme il s'ensuit cy apres, au Traité qui suit Planche I, y ayant aussi sur elle un
semblable Bouton qui peut estre arresté fixe suiuant que le pourra requerir les plus ou moins hautes Colonnes au point F.
comme celuy G. lequel on emboiste dans le creux ou Coulisse E E F et celuy G dans celle G K. Puis on fait couler en bas la regle E H.
G. et son Bouton F. dans le creux de celle F E. et ainsi cette regle G F se recule, quoy que tousi.rs retenüs par le bouton fixe G et par
celuy F, qui fait qu'au moyen de son Extremité D, où doit estre mis une pointe ou crayon l'on peut tracer la courbe D C B A, po.
laquelle faut premierement determiner comme Vignole, Paladio, ou tel autre, ainsi que je leur montre en la Stampe I du Traité
qui suit, soit que le module E A du bas de la Colonne soit un tiers n B, ou au milieu du Fust com.e en C, et enfin celuy D. pour
sa diminution par le haut.

Monsieur Blondel tres docte, et tres digne Professeur Royal aux Mathematiques, m'ayant escrit sur ce sujet po. une proposition
faite au mois de Janvier dernier, et donnée par Impression po. l'estrene à tous les Architectes, sur ce renflement de colonnes, peu un
particulier qui ayant promis merueille depuis quinze ans et plus, n'a encore produit que de fueilles Critiques et vaines pro-
messes. Mais M. S. Blondel a mis en lumiere ce qui m'en a escrit. C'est pourquoy Il suffit que je remarque en cet endroit ce qu'il m'a
dit que cette question a esté resolüe il y a plus de deux mil ans par Nicomedes, nomée la pre. Conchoide des Anciens.
Mais apres tout je declare derechef, comme je l'ay fait ailleurs, que je ne puis donner ma voix à ce renflement de colonnes à
moins distre du Sentiment de Paladio, qui a trouué estre une perfection aux parties ou membres des Bastiments, quand ilz
apparoi.ent petit et creux sous le faix des autres; Car ces Colonnes ainsi renfleés me semblent estre des Fuseaux ou des Ca-
riatides, lesquelles pressés de leur charge, font j'imaginer que leur ventre peut s'enfler au point, de creuer à l'endroit de
ce renflement: De plus, on peut dire aussi qu'un fuseau est destiné po. tourner et estre soutenu, et non pour estre fixe et po.
porter fardeau. Ce qu'une Colonne dont la diminution n'est que depuis le tiers n B. jusques au hault, montre sans comparaison
plus de solidité et forme naturelle à ce dont elle est destinée, que ces Colonnes en forme de Fuseaux.

Enfin j'estime plus un Edifice dont les membres construisent un tout qui paroist ferme, Solide, et inebranlable, ou comme
se leuant vigoureusement de terre, Qu'un qui me menaceroit d'y rentrer, tomber et creuer, encore que je fusse assuré que
cela n'arriveroit pas. Mais parce que mon Oeil estant touché de cette vision, mon j'imaginanon a peine de s'en deffendre
ainsi d'ordinaire à voir quelques Degrez ou Escaliers Suspendus en l'air par forme de voulte, quoy qu'ils soient fortifiez
par du fer. et aussi plus. Corniches; qu'à faute d'y voir en quelques endroits des Modillons, Consolles, Pilastres ou Colonnes.
j'ay veu beaucoup de personnes à qui ces Choses faisoient de la peyne et mesme de la terreur.

M. Blondel m'a depuis peu montré des observations vniverselles qu'il a faites sur ce qu'on desire estre les diverses formes d'Arcs
rampans par le moyen du Cordeau, et partagement des joincts de leurs pierres, qui estant en lumiere seruiront bien veiles aux
Ouuriers. Je diuerteray icy que les pratiques de tracer ces lignes courbes pour le fust des Colonnes, avec de ces regles et Cor-
deaux sont trop composées et sujettes à n'estre pas precises, soit par Elipse ou Conchoide. Ce qui fait que jusques à present je
prefere celle M N cy dessus, ou ay ant exactement trouué sur vne superficie plane les points d'Elipse ou Conchoide, et sur eux
mis precisem.t des pointes clouées fermem.t en suite apliqué contre vne regle bien droite et pliante y tracer cette courbe
comme on peut voir par les points et pointes 1 2 3 4 5 6 7 8 et 9. fig. M. N.   ce 1.er febvrier 1664.   Auec Privileg.

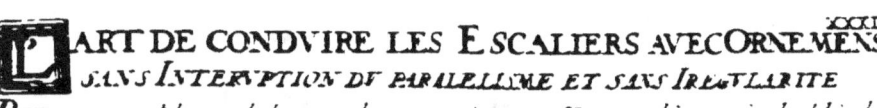

L'ART DE CONDVIRE LES ESCALIERS AVEC ORNEMENS
SANS INTERVPTION DV PARALLELISME ET SANS IRREGVLARITE

Povr ce qui regarde les noms de chaque membre en particulier, on nomme Noyau tout le pivot ou conduit de l'escalier, duquel, si le forme est platte comme au grand du Louvre, ie dis Noyau plat ; selon le moyen, ie l'appelle ; si elle est courbe comme a l'escalier des Thuilleries, ie dis Noyau courbe ; et si elle est droite comme a Luxembourg, ie dis Noyau à angles ou pans, et autres noms qu'on leur impose.

De plus, si le Noyau est vuidé comme au dit Luxembourg, ie dis Noyau à Jour ou à lanterne.

Ce qu'on nomme ordinairement Escalier à 2, 3, 4, 6, et 8 Noyaux, ie dis Noyau d'Escalier à 2, 3, 4, 6, et 8 Pilliers ou Pilastres ; car pour ce qui est des vuides nommés ie les nommeray selon les planches.

Or afin que les Ornements d'Architecture suivent le Noyau dudit Escalier à jour, continuellement et uniformément en tout règlement naturelle, sans variation de parallélisme le long des rampes, et sans quelque pièce des angles hauteur depuis l'échifre, il ne suivent différents en hauteur, il faut que la ligne ou ratz qui naist en chaque rampe des spirales de manière circulaire, don et dessus bout, hault et bas, les arrester de la demi circulaire, donne la largeur de marche après quoi il tue que les deux pilots des deux rampes qui aboutissent vers un mesme angle du Noyau, s'en aillent de niveau et non contre comme en la Planche suivante.

Il est à remarquer, qu'il pourrait avoir telle contrainte de situation que l'on ne pourrait mettre dans un escalier tout le règlement susdit, si on n'avait la place sans contrainte la première chose qu'on doit faire est de s'assigner monter par un Socle ou Socle au Ras, au lieu de marches, comme en la Planche 35, Fig. A, en laquelle on voit que parle angle des Noyaux avec les rampes, puissent desligner à plomb et le long desquelles de part et d'autre s'épuisent afin de puiser en pied, droit, et de plus, des Ornements parallèles, régnante dessus et dessoubs, du Socle ou Socle dont les niveaux ou vieux remparts comme aux Fig. B et C.

Cela supposé, si on remarque encore que leur largeur des marches aille entretaillés dans ce Socle en glaces, et que ses plattes formes ou Noyaux soient retranchés par le dessus, donc demi hauteur de marche, le ginest Fig. C du Socle suivant les arrestes de ces marches par ce moyen, l'Architecte en action peut outre les dessus dit dont i'ay parlé.

Mais comme le Socle peut estre conduit plaine et tournant, i'ay esté obligé de faire la représentation géométrale de son plan qui enferme entre ses rampes et plattes formes, l'épais, que ie nomme Noyau, comme en la Planche 37 Fig. D, on l'on voit de plus les profils tracés sur les faces des Murs. Suppose deux loupes ou renverces à Noyaux à l'entour, lesdits plans, la dite Planche porte sur elle son discours d'explication.

Si l'on veut appliquer des Ornements en saillie au vuide ou jour des Noyaux, au lieu de les entailler d'ans son l'espaisseur, en pièces que la suitte et régularité s'y remarque, aussi bien du costé du vuide que du costé des Marches il faut adjouster à la largeur du plan du Noyau, la largeur de ceux des ornements, et prendre la ligne qui détermine le plan du costé du vuide, pour règle de la situation des marches, et des termes ou les ornements doivent prendre et de rampe et de Noyau, ainsi qu'en la 36 Planche.

Povr plus ample justification des discours susdits, voicy l'ordre qu'il faut tenir en la Pratique.

Ayant dessigné l'assiette du Noyau de Degré ou escalier à jour, aussi celle des ornemens à sté en saillie dans le dit i il faut prendre comme en celle de Planche 36 premier, les lignes b, bd, ce, de, ou leur égales m.s., hg, pf, pour fondement et règle de Situation des marches, et de la conduitte des Ornements, et les diviser chacune en aussi tant de largeurs de marches qu'on y en veut mettre, ou une de plus ; faisons cette division par leurs demi largeurs ; puis en laissant vuide vers chacun de ses bouts, y marquent entre jours, les marches entières qui se rencontrent ; par Exemple, ayant à mettre, marches le long de la rampe m n, i'en dira 7 marches plus vn, ce qui font 10, demi largeurs de Marches, partant la droite m n, sera divisée en 16 parties égales par 15 points, outre les deux demi largeurs m, n, on ; et l'on traçant à commencer de K vers 0, 7 marches sous 14 de ces 10 demi largeurs, ainsi proméditerais une rampe qui 4 marches entre p, on chausson p, en 10 parties égales par 9 points outre les deux demis pq, et rs, puis on traçant entre q et r, les 4 marches de deux demi largeurs chacune, ce qui se peut aussi faire de l'espace entre gh et a l, si on y veut mettre des marches pour le surplus faut sçavoir.

Que tout ce qui est contenu dans les Angles, comme ab m, ncp, gef, hdl, est de Noyau, et que tout ce qui est hors le contenu desdits angles est niveau en rampe, tant du costé du vuide ; Or cet exemple est universel à qui l'entend, comme si le peut voir en bas fig. 2 et 3, Mais comme ces angles ne sont pas droits, pour en faciliter à chacun l'Intelligence il faut considérer qu'en la fig. 2, db cc, est le vuide ou jour les yeux touché est l'assiette ou plan du Noyau, et les profils de l'entour tant dedans que dehors o k m, sont le plan de la saillie des Ornements, Ce qui paroist plus clairement en la fig. 3, représentant l'angle h c g, à laquelle mesme i'ay adjousté le plan du Mur d'enceinte m b d n, avec les Ornements o g l et n z x, du costé des marches qui peuvent aussi avancer par hault en saillie sur icelles, dessoubs le plan fond et : Cela connaissant estre du point a, les lignes a ib et a le perpendiculaires à r o et s u, qui font l'angle b a c, dont le contenu est de Niveau ; Et pour ce qui est de la distribution des Marches, la fig le montre assez Clairement ; Le Manière estant la mesme que celle cy dessus.

La Planche 38, montre les moyens d'ordonner ce que dessus, Suivant la contrainte des Places, laquelle vient Souvent, par le défaut des Architectes qui n'entendent pas cette Règle, ne prenant pas d'abord ce qu'il leur faut de place.

i des Marches que du costé.

On ne croit point que les Grecs ayant fait de si beaux Degrés que ceux que nous faisons et pouvons faire à présent, la cause estant comme ie croy, que leur usage et commodité de Bastir ne les y obligeoit, Car le plus beau et majestueux de leurs Bastiments, estoit en l'extérieur et en leurs bas departements lesquels que nous nommons Portiques, Courts, Perrons, vestibules, Sedens, Salles, et, Mais comme nous faisons d'ordinaire de très Riches departements en nos premiers Estages, Cela nous oblige d'en faire qui y communiquent, estant sans contredit on des considérables membres ou parties des Bastiments, qui ne fait pas que l'on n'y en fasse d'autres petits, pour servir de décharge ou de dégagements.

L'on verra en la Planche ou Rampe où figg. E vn l'échantillon du mauvais effect de ces Escaliers, lorsque le Parallélisme de ces ornements y est interrompu, que les ouvriers nomment ressaulte, et aussi quand la régularité y manque.

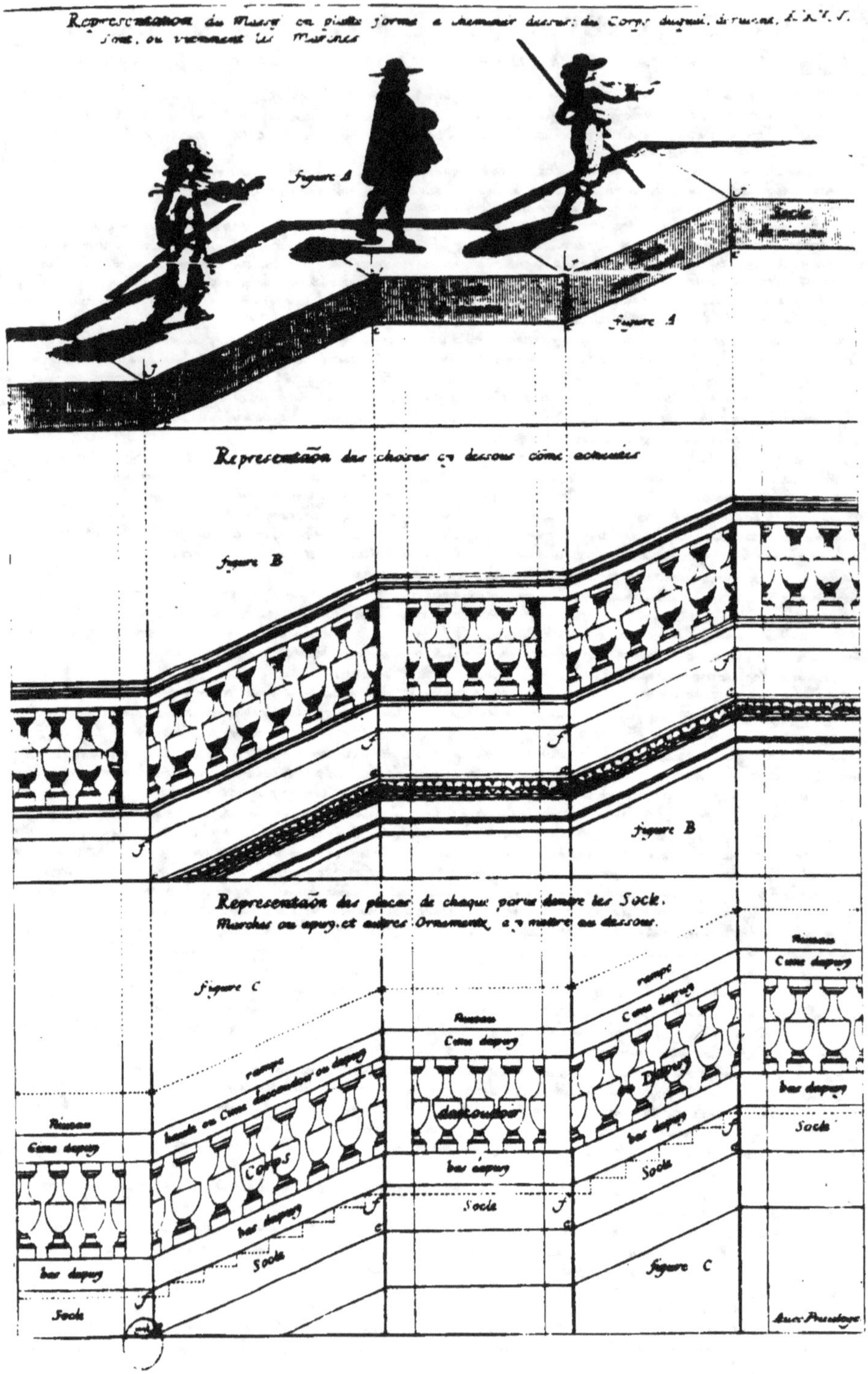

Representation des Masures ou pieces formes a mememer dessus des Corps dequel surunne E.A.S.
sont ou viennent les Masures

figure A

Socle
de moulure

figure A

Representation des choses cy dessous come actuelles

figure B

figure B

Representation des pieces de chaque partie demere les Socle.
Marches ou apuy et autres Ornements a mettre au dessous.

figure C

Ruisseau
Cens dapuy

rampe

bande ou Cens haulteur ou dapuy

Ruisseau
Cens dapuy

Cens dapuy

Ruisseau
Cens dapuy

dehoulteur

Dapuy

bas dapuy

Corps

bas dapuy

Socle

bas dapuy

Socle

Socle

bas dapuy

Socle

figure C

bas dapuy

Socle

Aux Prestdaye

Socle

Palier
d'entrée

Palier.   Plateforme ou Repos.

fig premiere.
Jour ou vuide du Noyau

Il y peut estre si on le desire
une Rampe de Marches.

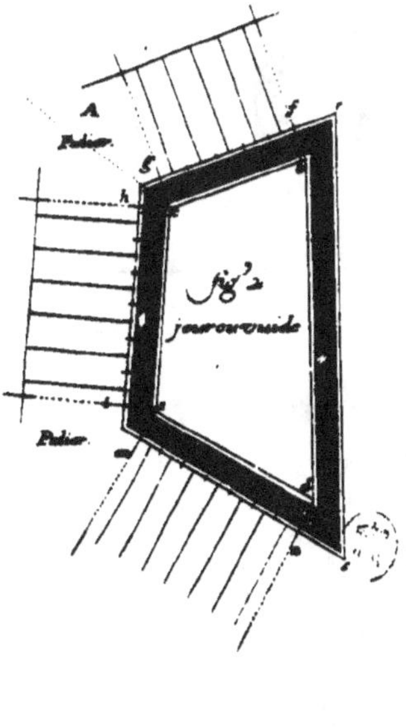

Palier

Icy est representé plus en grand
le Palier A et ces deux rampes
l h a g f.

A
Palier.

fig 2.
jour ou vuide

B. Palier.

Palier.

fig 3.

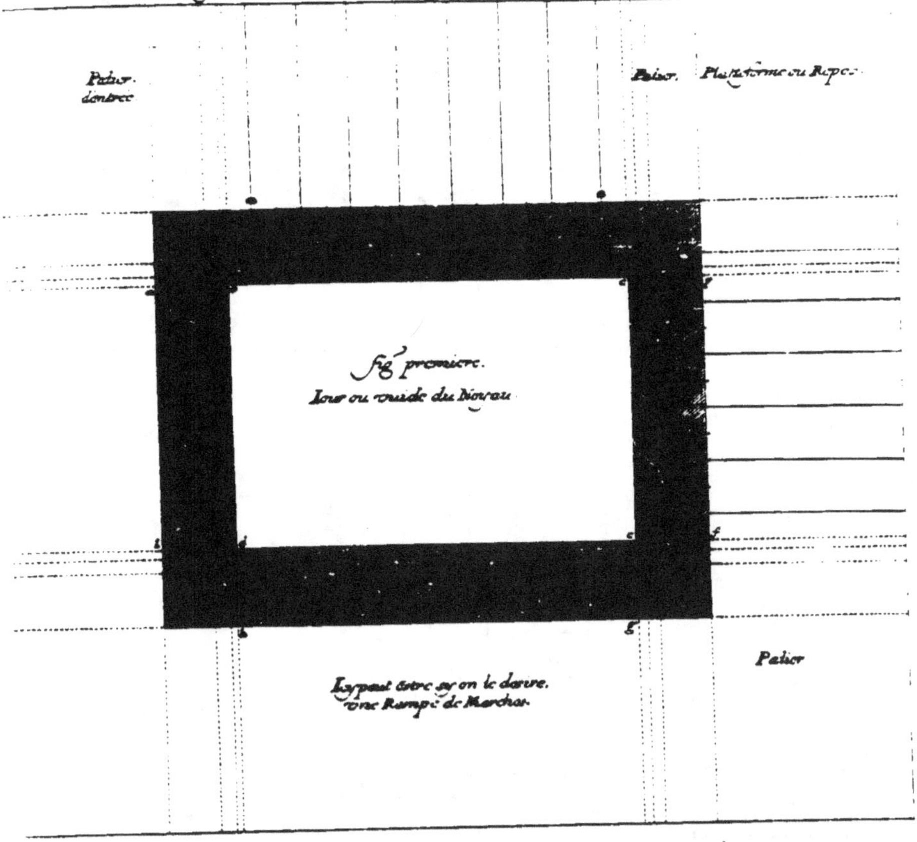

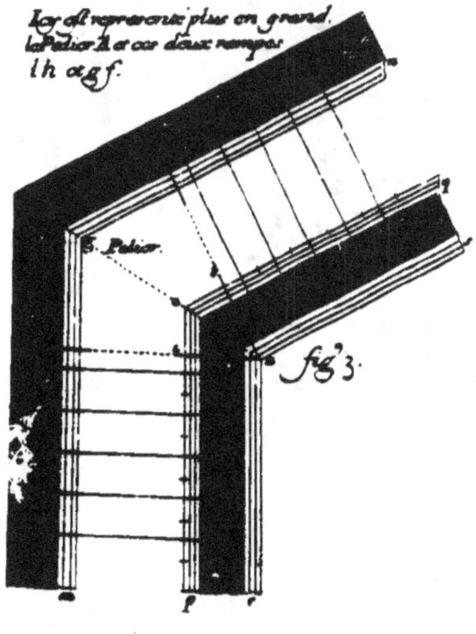

SECONDE PLANCHE, ou est la Representation Geometrale des Quartiers en plans des retours en plusieurs de Murs demicrouis, de deux Escaliers, et de leurs principaux membres, pris de costé et d'autre; ces Murs par servir d'appuis, et sur eux, la longeur, largeur, hauteur et placements des Marches ... marcher, chacun Construction de la premiere ...

Cas où je monter   Fig. D.

Delineation que dans l'Escalier le Noveau se trouve
ordinairement avoir aspect
... grande ou proces se le
... que simple Noveau
Mare deux rampegeant
... en dedans; la ligne
que en forme les retours
d'arrieste, est sur le même
que le Desce-route du Mar-
... de ces marches, come
en la Fig. D. Elle est le
Fondem; et la ronde de la
Senture des F marchent
des termes ou les tournans
doivent avancer dextre en
rampe ou tour le noveau;
les dits Ornemens allant re-
... ce montrent, et napa ...
... et Noveau dim ...
il est alternativ contrarie ou retreci.
en façon que les Copies en avant
deux faces apparentes, l'une des
... les marches, tout devant
son ronde comme en la Fig. ...
que l'on veille que la regularité
des Ornemens; et soit en passa-
ble; En ce Cas pour en bien placer
les Marches; il faut ajouter en ...
re a la largeur demi-cette du Mar-
... des marches, la largeur de
l'Aranette de Cette Epaisseur de Mar-
... qui leur est joignante; puis
comme la Fig. E. montre prendre
la ligne de cette Curva de l'ron
qui est du costé de son ronde; ...
pour fondement regle de la fixa-
... et place de ces Marches;
ils auront leur arrondir regulier.

ABCD. et ab cd. Murs d'inconv...
de ces deux plans;
Le dessus demeure RSM. Fig. E.
est l'Elevation du mur d'inconv...
E. Coing NO. de CB. et PF X Y.
de AB. le mesme en haut Fig. D.
bien que le noyau n'aye point
de ronde ou de jour, que plus
Ouvriers nomment Echiffre.

Cas où je monter   Fig. E.
ronde ou jour du Noyau.

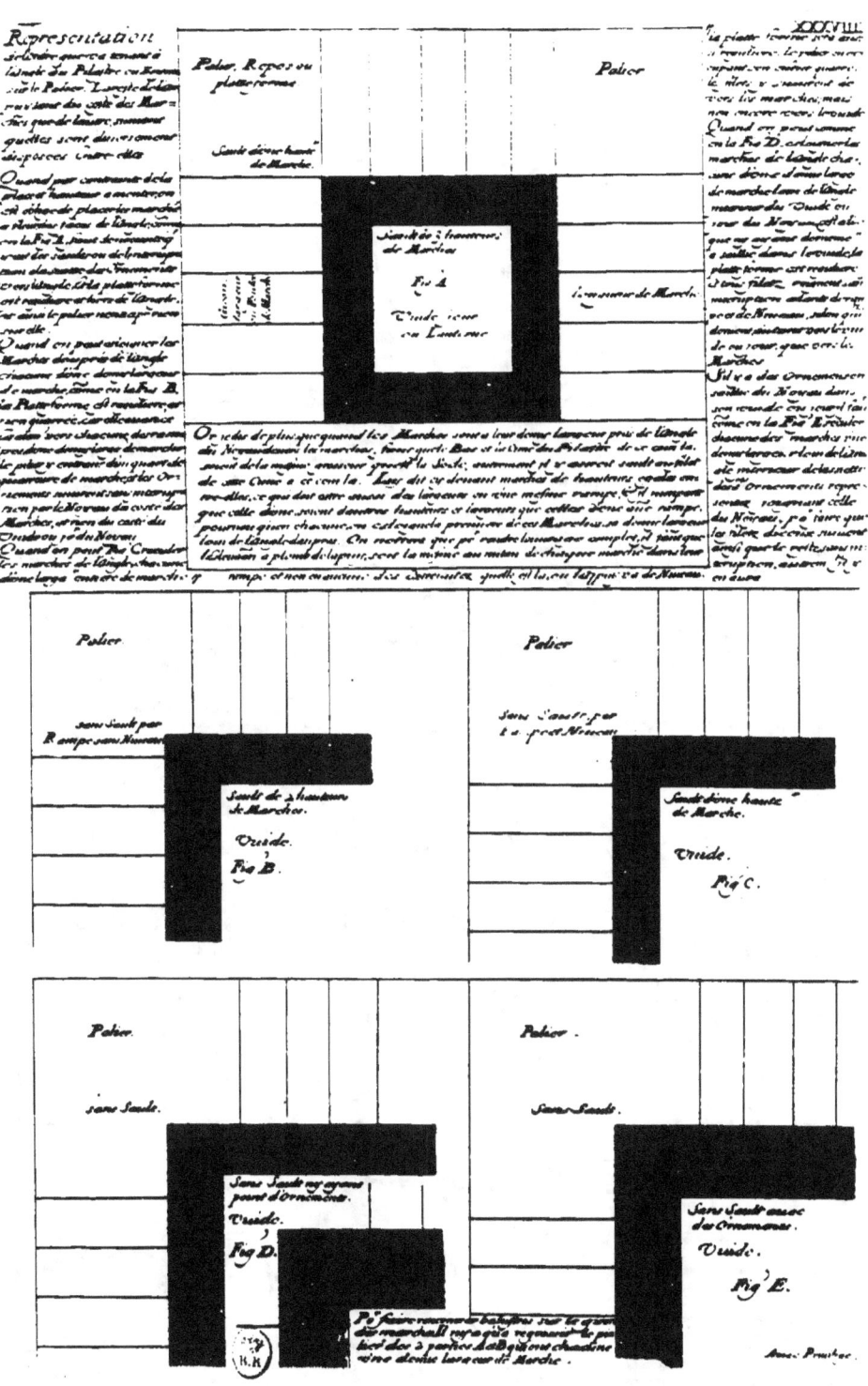

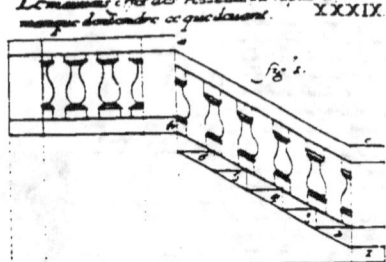

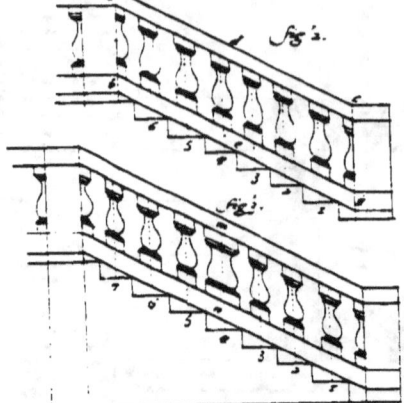

Pompe faite et battue en 1655. dans la Grande Court du Châu de Vizelle en Dauphiné près de
Grenoble appartenant à Monsigneur le Duc de Lédiguieres.

X.L.

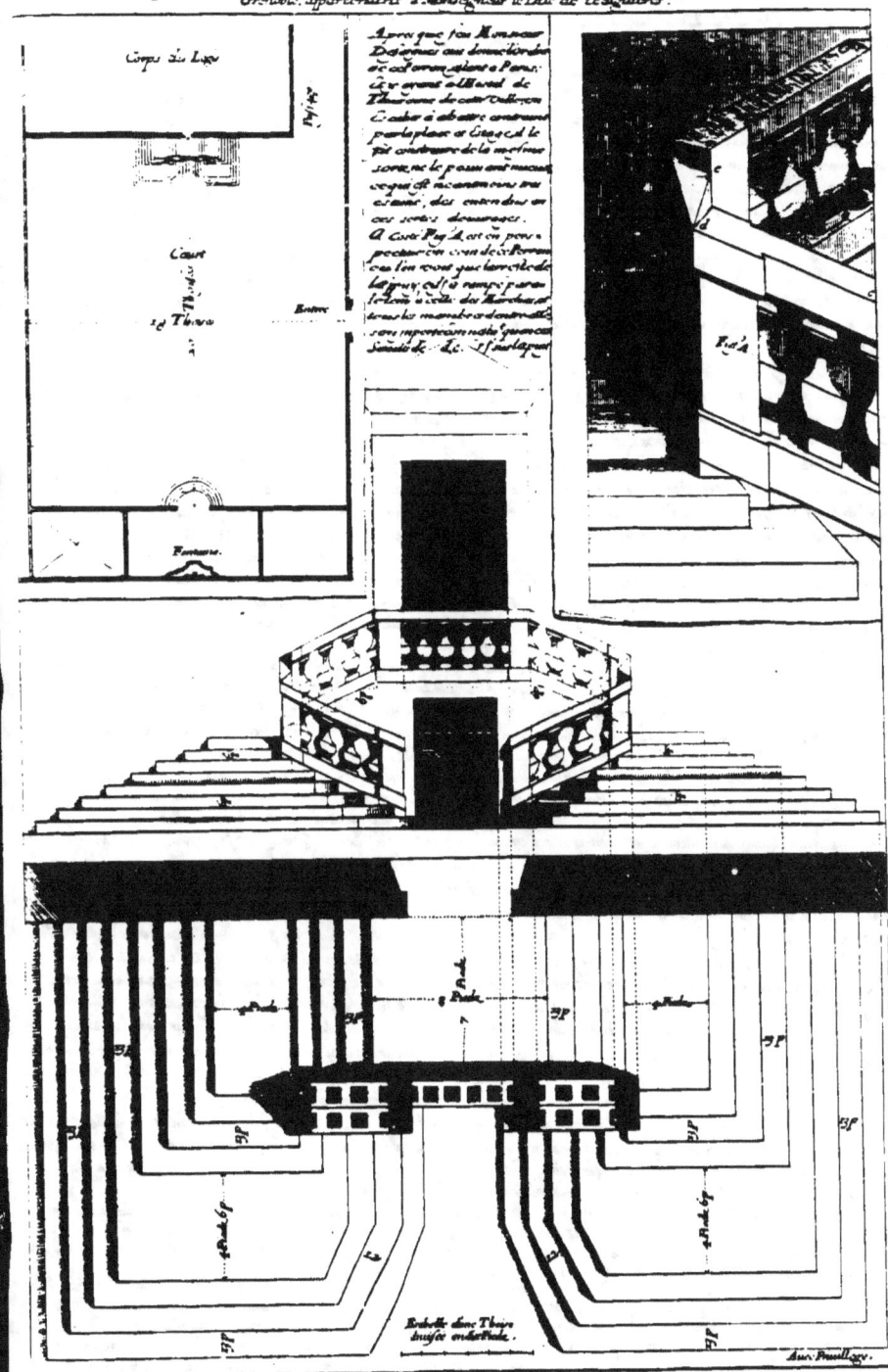

MANIERE D'ARPESTER GEOMETRALEMENT SVR LE PAPIER

LES DESSEINS DES BASTIMENTS, EN SORTE QVE TANTS CONSTRVITS
EN GRAND ILS FASSENT L'EFET QVE L'ON S'EST PROPOSÉ.

CETTE Matiere demanderoit bien vn plus ample discours po'. la satisfaction d'vn chacun, mais comme le nombre & petit de ceux qui ont genie a en rechercher le fin, je me contenteray po'. les prez pres de ce discours et des 2. Stampes suiuans.

Il faut donc estre certain, que tout ce qui est construit a dessein de plaire a l'Oeil, sur tout des Objects qui ont longueur ou largeur, espez, ou profondeurs, doit estre fondé sur l'Optique.

J'ay conneu par plus experiences, raisonnemens, et obseruations ce que suit (Scauoir) Que chacun qui a la veüe plus ou moins forte a voir loing, se plaist plus ou moins prez d'vn Object po'. le regarder & selon aussi qu'il est plus ou moins grand Et qu'alors qu'il le desire voir d'vne seule Oeillade sans varier la Teste, Cet Object determine naturellem't a l'Oeil l'endroit ou il doit estre veu.

Et t'encore que plus'. parties des effects de la vision soient demonstrez, neantmoins, il n'en est pas le mesme de l'agrement des Objects, puis que souuent des Corps animez ou non, sont a part ou diuersement scituez, ce qui plaist a vn ne plaist par a vn autre: Et comme la beauté de ces choses n'est pas encore definie, je ne pretends pas le definir. Mais seulement aduancer que celuy qui establit en dire des sçauans les raisons en quelque sorte plus plausibles que d'autre, doit estre le mieux receu.

Exemple, je croy que si on ne donnoit de hauteur a vne Porte qu'vne fois sa largeur, ou par opposition a vne autre fois, que plus nommeroient cela disproportion Que le mesme se feroit de la hauteur des grosses masses d'vn Basti- ment, suiuant leurs Scituations a l'egard de l'Oeil, si elles estoient extremem't courtes, ou bien trop Sueltes ou Egauïes, Et il semblable a la distribu'on d'icelles par leurs plans, eu l'egard a leurs Eleuations, estans plus ou moins reserrees ou eslargie, soit aux Bastimens de villes, ou de campagne et en leurs issues et parties adjacentes, puis que toutes ces choses doiuent auoir entre-elles et leur Total vne agreable et judicieuse conuenance, tant les supposés veuës hori- sontalem't que verticalem't et inclinées a l'horison, C'est pourquoy les Eleuations des corps de logis, Pauillons, et Galeries cou- uertes des grands Bastimens doiuent estre proportionnees a leurs longueurs, et a celles de leurs Places, Courts, et Jardins, crain- te qu'ils ne fissent a l'Oeil l'effet des bas logemens construits sans les auants Cours des Bastimens Champestres.

J'ay plus'. fois remarqué, que ceux qui auoient l'Oeil fin et le jugem't net po'. ces choses, remarquoient d'abord aux auenues des Bastimens si leurs grosses masses gardoient entre elles vne belle et agreable distribu'on et proportion, Et en suitte en entré dans leurs Courts et en leurs dedans, tant en considerant le dehors du dedans et du dedans les dehors, et sur tout aux departemens de M'. si toutes leurs parties estoient d'Agrement.

De plus, j'ay reconneu encore en eux vne chose, ou la plus part ne faisoient la reflection, que comme les Especes emanees de l'Object en gros, arrestoient leurs yeux a l'endroit naturel pour les considerer d'vne Oeillade, ils, passoient en suitte puis, a ce qu'vn autre Object en fist le mesme, suiuant son plus ou moins de hauteur et largeur.

Et si l'on en remarquera, que la capitale satisfaction a l'Oeil est de voir d'abord son Object d'vne seule Oeillade, et en Suitte tout son detail, suiuant la distance proportionnee a l'ouuerture de l'angle de cette vision.

Mais de tout ce que, j'ay dit et diray sur ce Sujet, le Resultat sera, qu'il faut auoir le Genie et le Goust aux belles choses autrement N'eant, puis que chacun ne doit pretendre de les y amener qu'au point de son sentiment, et non pas de celuy d'autruy, Ainsi je suppose que l'on soit touché de la distinction des Choses receues pour belles.

Plus'. qui construisent de semblables ouurages en grand, en font d'ord'. les desseurs, sur le papier, ou les Modelles de Carte en petit, qu'ils examinent souuent par des rayonnem's de l'Oeil differents de ceux dont il envoirons l'Oeuure, en nature, et c'est ce qui cause qu'a peu auoir esté ainsi effectuez, ils font vn autre effet a l'Oeil qu'ils n'ont pensé, joint que les 2. yeux ne so'. point si propres a examiner vn dessein ou modelle en petit, qu'vn seul, mais bien le Grand.

C'est pourquoy afin d'arrester a demeure de semblables Ouurages sur du Papier, ou par modelle, en sorte d'estre asseu- re que les grands fassent l'effet desiré, il en faut faire les figures d'assiette, ou plan de profil et deleua'on Geometrale, sur vne eschelle vn peu sensible, et par exemple d'vn poulce po'. Pied, ou plus, puis apres examiner et considerer l'effet de ces figures, en les regardant chacune a part d'vn seul Oeil, com'e en bornoïant, aux diuers endroits possibles, Premierem't defront, de Costé, d'enhault, d'enb'us, de prez, et de loing, d'en dessus, d'en dessoubz, Et Generalem't de toute façon a distances proportionnees a la distance et Eleuation d'Oeil dont le Grand estant mis en Oeure, pourra estre vu com'e j'ay dit tant de prez que de loin, en approchant et reculant les d'. figures peu a peu de l'Oeil ou l'Oeil d'icelles, autant qu'il sera possible, examinant auec soin, comme elles touchent ou affectent l'imagina'on, ou de trop pesant, de trop gresle et de trop petit, puis de conuenance ou non de sortes diuerses entre elles, formes, contour, et Jdée, accordante a celle de cha- cune des autres; Et cet accord ou conuenance n'y estant, tascher de le y faire trouuer; et ce en diminuant, augmentant, arondissant, adoucissant, applatissant, descouurant, cachant, anoblissant &c. jusques a ce que de tout Costez la chose reuienne en Agrément, et que l'Jdée n'y trouue plus rien qui luy deplaise.

Or, sur le tout je dis que c'est temoigner n'entendre pas la belle construction de ces Ouurages, lors que l'on y employe du temps et de l'argent a faire ce qui ne s'en verra pas; et qu'il ne suffit pas de Sçauoir seulement cette raison d'Optique et de Pers- pectiue, qu'oblige a arlener sur des Dez ou Socles, les Ordres de Colonnes posez sur d'autres, afin que la Corniche du pre- mier n'en cache les Bases ou bas des Pidestaux.

Mais comme il y a des personnes qui combattent souuent ce qu'ils n'entendent qu'en partie, et qui disent que l'on n'est par obligé de regarder vn Edifice d'vn seul endroit, ce qui est vray, Toutesfoi il conuiend'ra mieux a mon aui qu'il fist de di- uers endroits vn mediocre agrément, qu'vn plus grand d'vn seul, sur tout quand tous ces endroits sont egalement d'vnes a estre veüs, Ce qui ne detruit pas ma proportion, et moins encore les figures qu'i'i donne, et leurs discours qui acheueront m'eut la deduction du Total, prenant garde qu'en cette Fig. 4. et dans la Planche II. apres le discours des portes il y a vne mesprise qui y est Corrigée.

De Plans Profilz et Elevations d'une partie des Choses dont nous venons de parler.

En la premiere figure est le regardant SI, dont l'œil embrasse la façade d'un Batiment agb, de la distance Si, double de a b, et son Elevation et profil; celuy 2, celle d'une portée cd, li celuy 3 estant dans une courte ca, regarde encore cette façade ab, et ses Ornemens; celuy qui regarde celle de la porte a f, li en fin, les deux 5 et 6, dans son Salon bien, considerant ces Costes et l'autre a Voute 5 7 o n l. Fig 2.

En la Fig 2 est son plan veu a trois reprises, comme l'œil 1 pour a b, 2 pour d c, et 3 pour a c.

En la Fig 4 par les droites Hm, distance du regardant m o, et la droite Elevuée HC Observe on scait quelle resserviront les parties H 2, 23, 34, et autres, li le moyen de les Cmenter ou diminuer avec certitude (ce qui fait partie de ce que jay dit) Car on doit voir que la ligne de niveau mH continuée a volonté, et celle o bc, que l'ouverture de l'angle HO C, n'en changera point, et surce il est facile de concevoir, que HC et ses divisions estoit suppose le Naturel, et les petits a plomb Ic et 1 al plus proches de l'œil o, quelles en seront les profils on peut veus soubs un mesme angle et rayonnement croisés, et que leurs distances et Elevation d'Ocal seront proportionnées au grand H C. L'usage de cette fig que est expliqué en la planche H qui precede celle des Portes.

Mais pour revenir a nre Sujet, je diray d'icelles, que suivant la Situation des Bastimens, les distances se determinent, et que sans contrainte Celle du double de leur hauteur, et suivant leur largeur, est la plus naturelle, sur tout pour voir l'effet de leurs gros membres; et ainsi en approchant par proportion des plus ou moins gras; toutefois a cause de cette contrainte, il me semble, que la plus courte ne devroit estre que de leur mesme hauteur ou largeur, en distinguant en quelque sorte, les grands murs ou enceintes, ou il en faudroit d'autre ordinaire, et le tout pouvoir peu. Or de ces distances, les principales et plus considerables sont premiere fig celle 2 pour la porte cd, celle 3 pour ab, desquelles on pourra voir la masse du Bastiment, et la plus part de son detail; Ce qui nous doit faire connaistre qu'aux Bastimens, ces grands nombres d'avant corps ou arrieres corps si frequents et si souvant repetez, ne sont que de la depense se jouable et du temps perdu, Car outre que leurs costes ou flancs, ce voyent rarement, la costale voie, une partie de l'ouvrage; en ostent sa Noble et puissante Majesté.

Donc que le plan fig 3 et l'elevation ab premiere fig estant supposé a pris estre le dessein, il faut que l'Ocal I Eleué de 4 a 5 piedz du res de chaussé ou niveau sca m, (Scavoir, de ceux de l'échelle du dessein) s'approché et se recule peu a peu de l'Object ab, Celuy 2 de cd, et 3 d'iel ab, et ainsi des autres possibles, Car pour celuy de la voute 90l du Salon fig 2, il ne peut guere estre Examiné que d'un endroit, et un peu de costé et dextre du point S sa Station, ainsi l'Ocal estant fin, il reconnaistra dans l'espace de ces roulements, ce qui luy fera un bon ou mauvais effet a l'Ocal. Or est a Notter que ce roulement ne doit estre estendu que de l'endroit ou le regardant peut encore voir aison l'Object, comme depuis la moitié 1 a, 2 c, 3 a, 4 a, 6 et c.

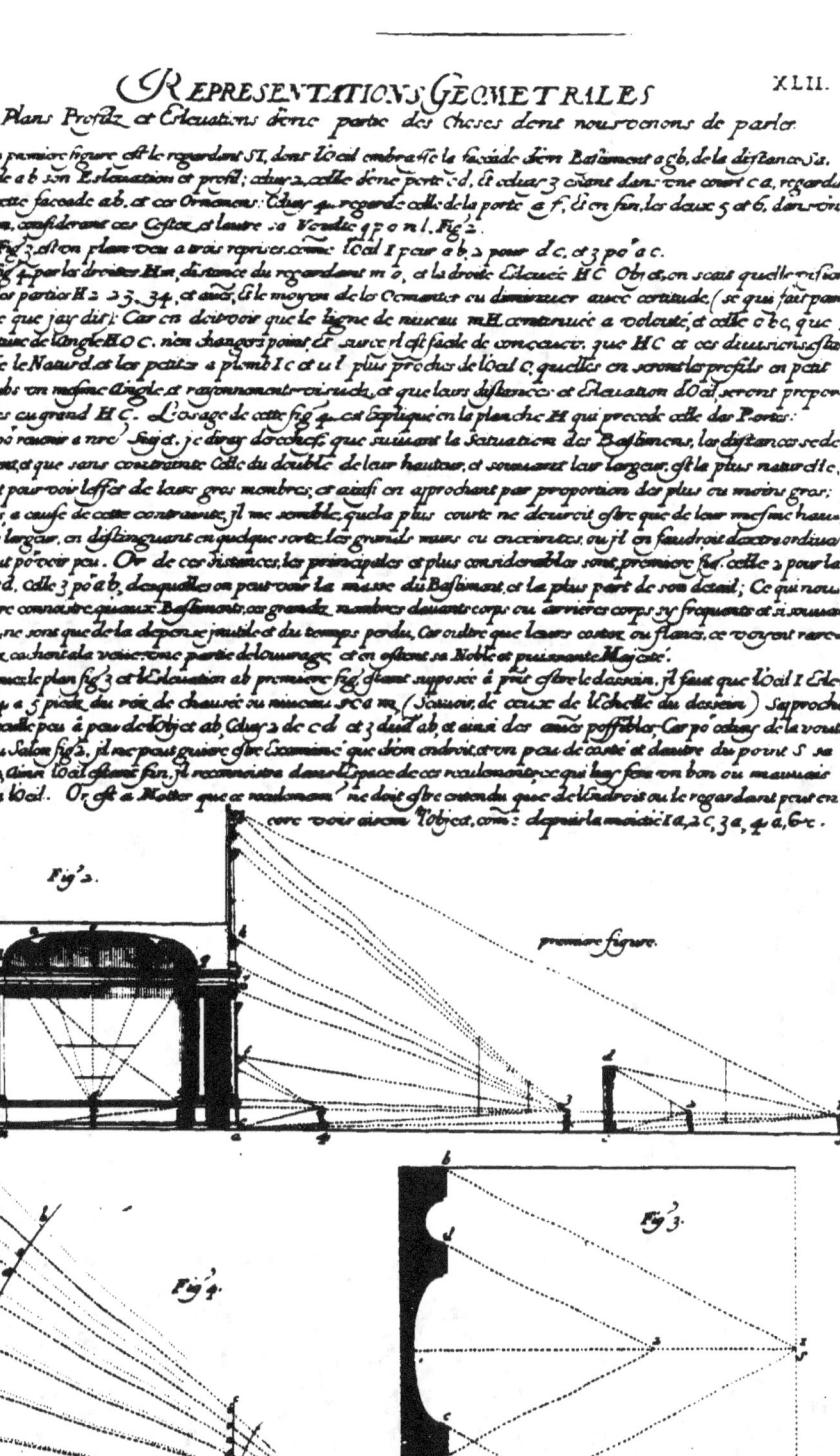

Fig 2.

premiere figure.

Fig 3.

Fig 4.

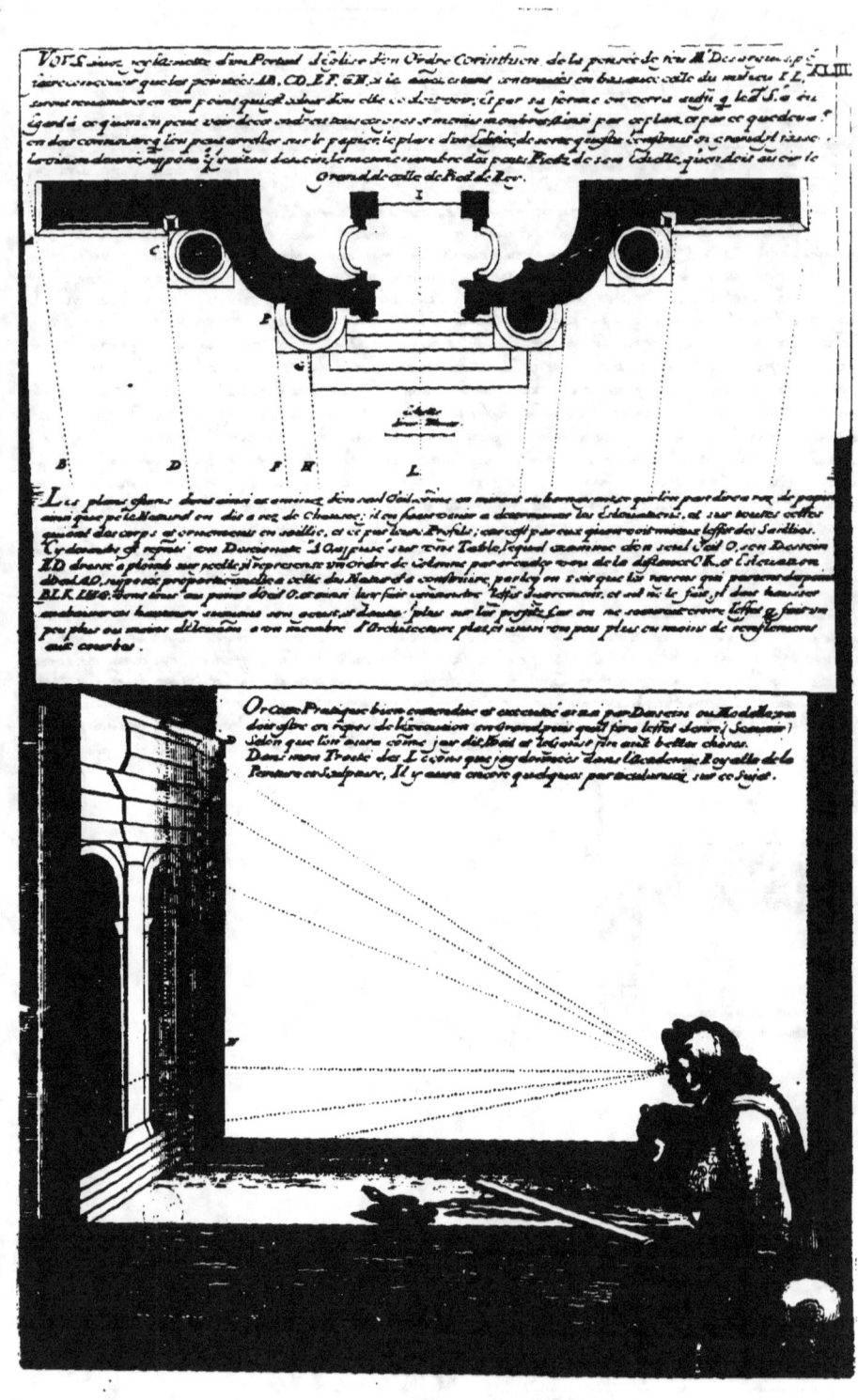

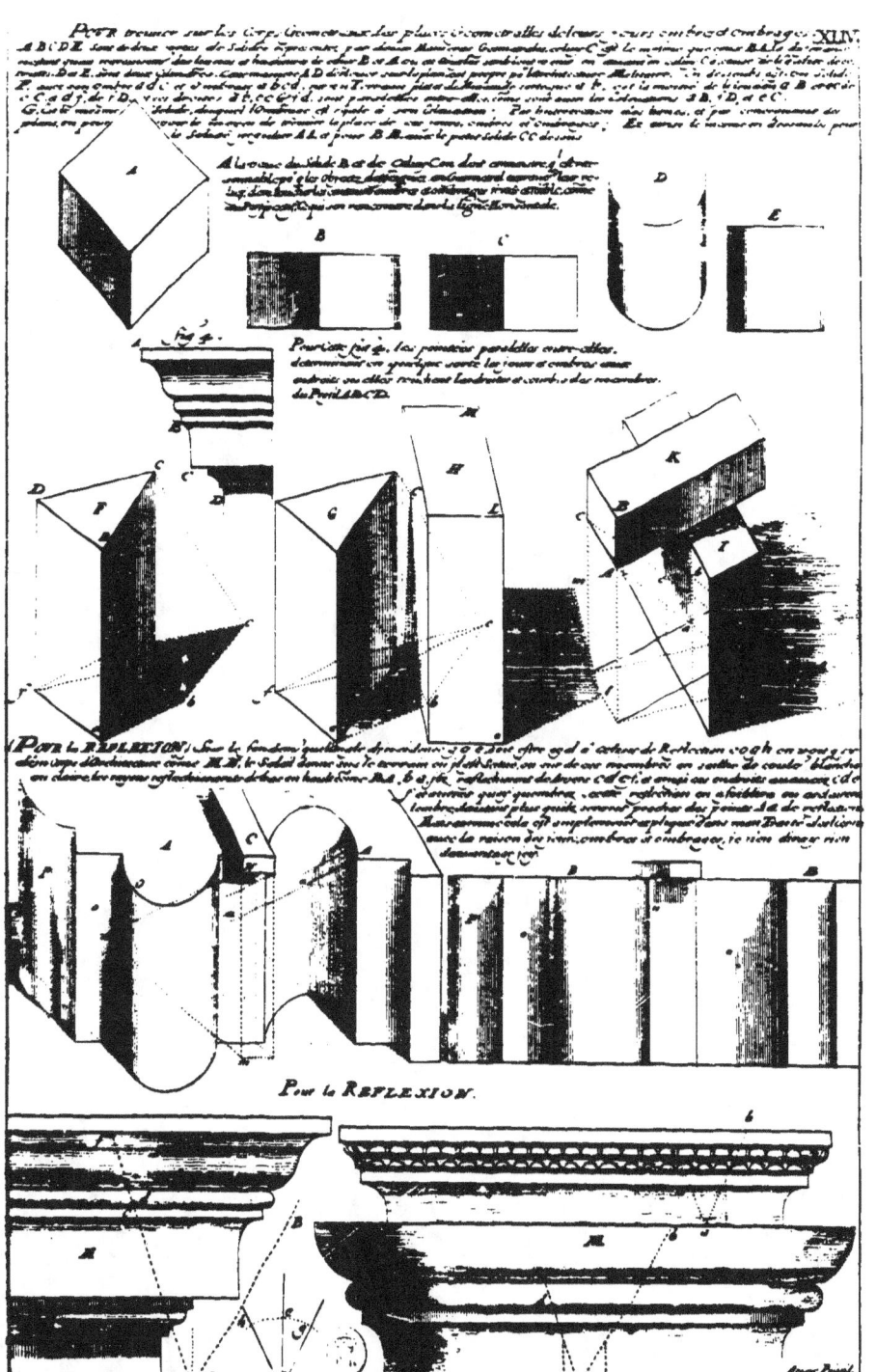

POUR la REFLEXION.